PETITE BIBLIOTHEQVE · AGRICOLE PRATIQVE · 60

Publiée sous la direction

J·RAYNAUD

ÉCONOMIE RURALE

COOPERATIVE AGRICOLE

SYNDICAT AGRICOLE

20 CENTIMES

A·L·GUYOT· Editeur

PARIS   12 Rue Paul-Lelong ·

614 8º Y2
48312

PETITE BIBLIOTHÈQUE AGRICOLE PRATIQUE

PETITE
BIBLIOTHÈQUE AGRICOLE PRATIQUE

publiée sous la direction de

J. RAYNAUD

Directeur de l'Ecole pratique d'Agriculture de Fontaines
(Saône-et-Loire).

———————

TOME XIV
ÉCONOMIE RURALE
Statistique. — Syndicats
Enseignement. — Comptabilité

PAR

Daniel ZOLLA

Lauréat de l'Institut
Professeur d'Economie et Législation rurales à l'Ecole
Nationale d'Agriculture de Grignon.

———————

PARIS
A.-L. GUYOT, ÉDITEUR
12, rue Paul-Lelong

Collection A.-L. GUYOT

12, rue Paul-Lelong, PARIS

Un volume broché : **0 fr. 20** — Franco-poste : **0 fr. 30**
Un volume cartonné : **0 fr. 35** — Franco-poste : **0 fr. 50**

PETITE
BIBLIOTHÈQUE AGRICOLE PRATIQUE

Publiée sous la Direction de

J. RAYNAUD

Directeur de l'Ecole pratique d'Agriculture de Fontaines
(Saône-et-Loire)

Avec la collaboration de

MM. Dupont, Eloire, George, Granger
Hilsont, Hommell, Hondet, Lambert, Zipcy, Zolla

Professeurs, Agronomes, Praticiens et Spécialistes.

OUVRAGES PARUS :

Le Sol et les Engrais.
Matériel et Travaux de Culture.
Les Cultures et leurs Ennemis.
Viticulture pratique.
Le Jardin de la Ferme.
Fleurs et Plantes d'agrément.
Le Cheval.
Lait, Beurre et Fromages.

A PARAITRE :

Le Vin et ses dérivés.
Elevage des Chevaux et Bœufs.
Moutons, Porcs et Volailles.
Maladies du Bétail.
Abeilles, Poissons et Vers à soie.
Comptabilité agricole.

INTRODUCTION

—

L'Économie rurale ne se confond pas avec l'Agriculture. Cette dernière science a pour objet d'assurer, dans les meilleures conditions, le développement des plantes que l'homme utilise. Ainsi, la préparation du sol, l'emploi des engrais, le choix des semences, les semailles, la récolte des produits, sont du ressort de l'Agriculture.

L'Économie rurale a pour domaine spécial les questions économiques et financières. Elle comprend l'étude de l'emploi des capitaux en Agriculture, du crédit sous toutes ses formes, du commerce des produits agricoles, des salaires et des gages, du prix et du revenu du sol, de la question des impôts, des assurances, des associations, et, enfin, de la comptabilité agricole.

Les problèmes de statistique relatifs à la division de la propriété et de la culture, à la production agricole, et aux autres questions dont nous avons parlé plus haut, sont également du domaine de l'Économie rurale. Nous tenons même, dès le début de cet ouvrage, à fournir au lecteur quelques détails relatifs à la production agricole en France et au régime de la propriété ou de la culture.

Quant aux questions d'Économie rurale, nous llons faire un choix pour ne pas grossir d'une façon exagérée le volume que nous consacrons à cette science (1).

---

(1) Pour toutes les questions de *législation rurale*, nous renvoyons le lecteur aux ouvrages sur cette matière, publiés par l'Éditeur (*Codes et Lois usuelles*), et plus spécialement à l'ouvrage en préparation intitulé *Législation agricole*.

CHAPITRE PREMIER

—

Économie rurale

—

Statistique de la production agricole en France

1

Voici tout d'abord quelle était la répartition du territoire de la France en 1892, lors de la dernière enquête décennale :

1° *Territoire agricole*

	Surfaces (milliers d'hectares)
Céréales	14.827
Grains divers	319
Pommes de terre	1.474
Autres tubercules	128
Cultures industrielles	531
Cultures fourragères	4.796
Jardins potagers	386
Jachères	3.367
Total à reporter	25.768 25.768

	Surfaces (milliers d'hectares)
Report,.........	25.768
Vignes.............................	1.800
Prés naturels......................	4.402
Herbages pâturés...................	1.810
Bois et forêts.....................	9.521
Cultures arborescentes.............	934

	18.467	18.467
Surface non cultivée et non agricole.....		8.615
Surface totale.............................		52.850

Ainsi, sur une surface totale de 52 millions d'hectares, on compte, en France, 44 millions d'hectares
en culture. On voit, notamment, quelle est l'importance considérable de la culture des céréales dans
notre pays ; celles-ci occupent 14 millions 827 mille
hectares ainsi répartis :

	Surface en millions d'hectares
Froment.............................	7.166
Seigle..............................	1.565
Orge................................	851
Méteil..............................	263
Avoine..............................	3.805
Maïs................................	535
Sarrasin............................	610
Millet..............................	28

La surface occupée par le froment est surtout re-
marquable, aussi sommes-nous, dans le monde entier, après les Etats-Unis, le peuple qui produit la
plus grande quantité de froment.

C'est ce que prouve le tableau suivant qui est particulièrement instructif :

Production du froment et surface cultivée

	Production (millions d'hectolitres)	Surface (millions d'hectares)
France..............	117.4	7.1
Angleterre	22.0	0.9
Belgique ,..........	6.8	0.2
Allemagne	31.6	1.9
Autriche............	17.6	1.1
Hongrie.............	52.7	3.2
Hollande...........	1.8	0.07
Russie	85.0	13.1
Italie	40.0	4.5
Etats-Unis	181.0	15.5
Australie..........	14.9	1.5
Indes..............	76.2	10.6

Il faut savoir, en outre, que nous avons augmenté très rapidement notre production depuis 60 ans.

Ainsi, notre production totale, chaque année, a subi depuis 1831 les variations suivantes :

	Récolte moyenne annuelle (en millions d'hectolitres)
1831-41.................................	75.2
1841-51.................................	81.0
1851-61.................................	88.9
1861-71.................................	88.5
1871-81.................................	100.2
1881-91.................................	107.0
1891-1902	110.4

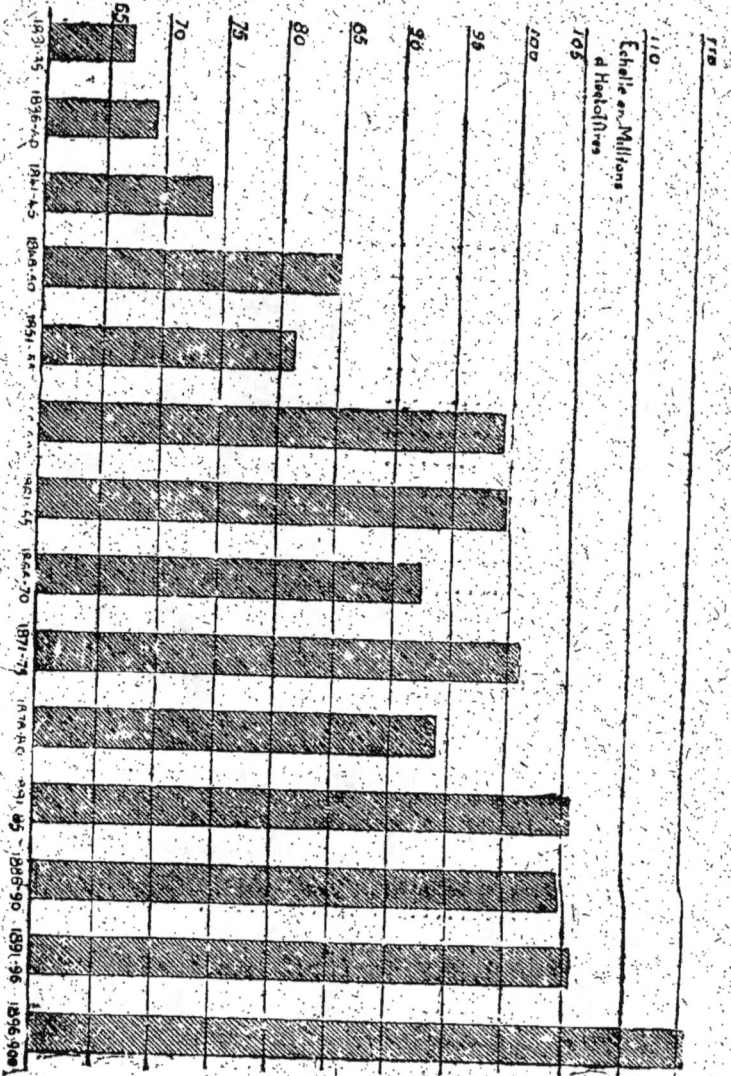

Le graphique ci-contre met bien ces faits en évidence et montre clairement l'augmentation de notre production.

La culture des céréales autres que le froment n'a pas pris le même développement, mais il y a lieu de signaler également une augmentation marquée des rendements, c'est-à-dire des quantités récoltées par hectare cultivé. C'est là un signe indéniable de progrès.

Parmi les cultures les plus intéressantes, il y a lieu de citer les cultures fourragères qui nous permettent de nourrir un nombre considérable de têtes de bétail.

La surface totale consacrée non seulement aux *cultures fourragères* mais encore aux *fourrages* est de 11 millions d'hectares ainsi répartis :

Racines................	692.000	hectares
Plantes annuelles.......	816.000	—
Prairies artificielles.....	2.973.000	—
Prés...................	4.712.000	—
Herbages..............	1.812.000	—
	11.005.000	—

Nous avons réalisé, à ce point de vue, de remarquables progrès depuis un demi-siècle. La surface des prairies artificielles, notamment, s'est accrue de 1.600.000 hectares. La superficie des prairies irriguées a doublé. Il ne faudrait pas croire, cependant, que nos cultivateurs n'aient plus rien à faire. Au contraire, l'irrigation est encore fort peu ou fort mal pratiquée en général. Nous pouvons accroître beaucoup nos ressources fourragères par un emploi judicieux des eaux courantes.

La France possède des cultures industrielles très importantes. — Le chanvre, le lin, le colza, ont perdu du terrain depuis une trentaine d'années; mais la pomme de terre et surtout la betterave en ont gagné. On cultive la betterave à sucre dans huit départements du Nord qui constituent la région sucrière de la France. La surface occupée par cette culture est de 270.000 hectares environ. L'Allemagne seule, en Europe, possède une étendue cultivée en betteraves plus considérable.

Une des plus importantes productions agricoles de notre pays est représentée par le vin. Notre vignoble, avant les ravages du phylloxera, s'étendait sur 2.415.000 hectares. En 1892, la surface plantée n'est plus que de 1.800.000 hectares; mais la reconstitution de nos vignes détruites n'est plus qu'une affaire de temps.

Quand à nos récoltes de vin, voici quelle en a été l'importance, depuis 10 ans, malgré la destruction d'une partie des vignes phylloxérées.

	(millions d'hectolitres)
1889	25
1890	27
1891	30
1892	29
1893	50
1894	39
1895	26
1896	44

(millions d'hecto.itres)

1897	32
1898	32
1899	47
1900	67

Il ne faut pas oublier d'ajouter que nous possédons en Algérie un vignoble magnifique qui produit dès à présent plus de 4 millions d'hectolitres de vin (1899). Les vignes françaises de la Tunisie peuvent donner en plus 100.000 hectolitres par an.

La récolte annuelle de nos vins de France vaut près d'un *milliard*. Après le froment, c'est la production végétale la plus importante de notre pays. Le vignoble français est, d'ailleurs, unique au monde. Nulle part, on ne produit des vins aussi abondants et d'une qualité aussi appréciée.

En Europe, l'Italie et l'Espagne peuvent seules être comparées à la France au point de vue de l'importance de la production (25 à 30 millions d'hectolitres annuellement).

En dernier lieu, signalons l'importance de notre production forestière. — Nos bois et forêts s'étendent sur une superficie de 9 millions d'hectares. En Europe, la Russie, la Suède et l'Allemagne, possèdent seules une étendue boisée plus considérable.

Quelle est, en résumé, la valeur de la production végétale de la France? En supposant (ce qui n'est pas exact) que tous les produits soient vendus, on trouverait les chiffres suivants qu'indique la statistique officielle :

Valeur de la production végétale

	millions de francs
Céréales (grains et pailles).............	4.667
Autres grains......................	92
Pommes de terre et divers produits maraîchers de grande culture...........	766
Cultures industrielles................	373
Cultures fourragères et prairies artificielles......................	1.354
Horticulture (jardins maraîchers)......	295
Pépinières et oseraies...............	12
Prairies et prés....................	1.046
Herbages	249
Vignes............................	904
Bois et forêts.....................	289
Cultures arborescentes..............	331
Total.......	10.385

En réalité, nos cultivateurs ne *vendent* pas pour 10 milliards de produits végétaux tous les ans. Ainsi, la plus grande partie des pailles sert à la nourriture du bétail ou à la confection du fumier; beaucoup de céréales sont consommées par les animaux et non pas vendues sur le marché. Il en est de même pour les fourrages, le foin des prés et des herbages.

Ces produits servent à nourrir nos animaux de ferme, et à obtenir de la viande, du lait, du beurre, des fromages, etc., etc. Les semences de toutes sortes produisent de nouvelles récoltes et ne sont pas vendues.

On peut admettre que la production végétale

donnant des recettes en argent ne dépasse pas *six milliards*. C'est là, cependant, un chiffre énorme et il n'est pas d'industrie en France dont la production brute ait cette importance.

II

Indépendamment de la production végétale, il ne faut pas oublier que l'Agriculture française obtient des produits d'origine animale.

Nous possédons un nombre considérable d'animaux domestiques. En voici le relevé :

	Nombre de têtes en 1892
Espèce chevaline....................	2 794 000
— mulassière....................	217 000
— asine....................	368 000
— bovine....................	13.708 000
— ovine....................	21.115.000
— porcine....................	7.421 000
— caprine....................	1.845.000

Le *produit* de ces diverses espèces animales est représenté : 1° Pour les chevaux, ânes et mulets, par les animaux que vendent nos éleveurs ; 2° pour les bœufs, vaches, etc., par les animaux de boucherie abattus ou exportés à l'étranger, par le lait et ses transformations — fromages et beurres — 3° pour les moutons, par la laine et la viande ; 4° pour les porcs, par la viande et la graisse, 5° pour les chèvres, par le lait et la viande.

On a quelquefois compté parmi les produits des animaux de ferme, le travail des attelages et le fumier. C'est là une erreur. Assurément les bœufs et les chevaux, par exemple, rendent des services en produisant de la force, et c'est là un avantage de leur emploi ; mais ce travail ne se traduit pas par une recette en argent immédiate. Le cultivateur ne vend pas le travail de ses attelages. La valeur de ces services se retrouve lors de la vente des produits végétaux ou animaux qui sont portés sur le marché. Le fumier non plus n'est pas vendu. C'est un moyen de production et non un produit.

Voici, maintenant, comment on peut calculer la valeur en argent des principaux produits d'origine animale :

		Millions de francs
Chevaux, ânes, mulets	(Animaux vendus)........	200
Espèce bovine...	Lait et ses dérivés.......	1.223
	Viande...................	1.062
Espèce ovine....	Lait, fromages, etc......	3
	Viande...................	212
	Laine....................	47
Espèce porcine...	Viande...................	457
Espèce caprine...	Lait.....................	24
	Viande...................	5
Animaux de basse-cour	Viande...................	142
	Œufs....................	173
Vers à soie........	Cocons..................	32
Abeilles...........	Miel et cire.............	15
		3.595

Produit brut agricole de la France

En résumé, le produit brut agricole de la France est ainsi constitué :

  1° Produit brut végétal.........   6.000.000.000
  2° Produit d'origine animale...   3.595.000.000
                                   ─────────────
                                     9.595.000.000

Chaque année, l'Agriculture française tire du sol une masse énorme de produits dont la valeur totale dépasse neuf milliards de francs. — C'est là notre véritable trésor national, la principale source de notre richesse et par conséquent de notre grandeur nationale.

La constitution de la propriété et de la culture

On a dit, et toujours avec raison, que la France était un pays de petite propriété. Cela était déjà vrai sous l'ancien régime, avant la Révolution de 1789. C'est encore plus exact aujourd'hui. Mais, il ne faut pas croire, toutefois, que les grandes et les moyennes propriétés aient toutes été morcelées. Nous possédons encore beaucoup de grands domaines divisés le plus souvent en plusieurs fermes, métairies ou exploitations rurales. C'est pour cela qu'il ne faut jamais confondre la division de la *propriété* avec la

division de la *culture*. Un grand domaine apparte-
nant à un seul propriétaire, peut-être divisé en plusieurs exploitations rurales de petites dimensions.
La petite culture coïncide donc avec la grande propriété. — A l'inverse, un même cultivateur peut louer
des terres à plusieurs propriétaires pour constituer
une grande exploitation. Dans ce cas, la petite ou
moyenne propriété peut coïncider avec la grande
culture, bien que ce soit là une exception.

Au moyen d'une enquête directe on a cherché à
relever le nombre des propriétés en les divisant de
la façon suivante :

  Petites propriétés de o à 10 hectares
  Moyennes propriétés de 10 à 40 hectares
  Grandes propriétés au-delà de 40   —

En tenant compte de cette division, tout arbitraire d'ailleurs, on a trouvé que les surfaces corres-
pondant à ces trois groupes étaient :

Petites propriétés...........	17 millions d'hectares
Moyennes —	12 —
Grandes —	19 —
Total...........	48 —

La petite propriété comprend au moins le tiers du
territoire de la France. C'est assez dire que son importance et sa valeur sont très considérables. — Les
petites propriétés sont, en outre, constituées par des
terres bien cultivées et qui ont une grande valeur,
tandis que beaucoup de grands domaines compren-

nent des landes, des bois, des marais dont le prix à l'hectare est très faible. Les petits propriétaires possèdent donc beaucoup plus du tiers de la valeur totale du territoire de notre pays. Or, cette étendue est évaluée aujourd'hui, malgré la crise agricole, à 75 milliards de francs. On voit que nos paysans, si attachés au sol, possèdent en bien fonds, sans compter les bâtiments, les animaux, l'outillage agricole, etc., etc., plus de *25 milliards* de francs.

Quel est, maintenant, le nombre de ces propriétaires ? Il faut distinguer :

1° Ceux qui cultivent exclusivement leurs terres, seuls, soit avec l'aide de leur famille, de quelques domestiques, etc.

2° Ceux qui sont propriétaires, mais qui exercent, *en outre*, la profession de fermiers, de métayers, ou de journaliers.

On a trouvé, en 1892, que ces deux groupes étaient représentés par :

	Nombre
Propriétaires cultivant exclusivement leurs terres...............	2.199.220
Propriétaires et fermiers.............	475.778
— et métayers..........	123.297
— et journaliers........	588.950
Total.............	3.387.245

Il existe donc, en France, plus de trois millions *de familles* qui possèdent de petites propriétés, ou de petits champs. C'est là une situation très heureuse. L'homme qui est propriétaire tient, en effet,

à améliorer ou à étendre son bien ; il est ainsi poussé
à travailler, à rester économe, à respecter la propriété d'autrui pour que l'on respecte la sienne. —
La possession d'un coin de terre est enfin une garantie contre la misère et souvent une source de profits sérieux. Il faut donc nous féliciter de voir les
petits propriétaires si nombreux sur notre sol. Cette
phalange de laborieux et honnêtes gens nous pro-
tège contre les bouleversements sociaux rêvés par
tous les mécontents qui voudraient refaire la société
en dépouillant tout d'abord ceux dont ils envient la
richesse.

A côté de la division de la *propriété*, il y a lieu,
disions-nous, de noter la division de la *culture*. Ceci
revient à chercher comment est réparti le sol entre
ceux qui le cultivent : 1° Comme *propriétaires* ;
2° comme *fermiers* ; 3° comme *métayers*. On dis-
tingue la petite culture, la moyenne et la grande ; la
première se rapporte aux exploitations d'une surface
inférieure à 10 hectares.

La seconde et la troisième ont des étendues comprises entre 10 et 40 hectares ou supérieures à ce
dernier chiffre.

On compte en France (1892) :

	Nombre d'exploitations
Petite culture (0 à 10 h.)............	2.618.000
Moyenne culture (10 à 40 h.).......	711.000
Grande culture (plus de 40 h.)......	139.000
Total..........	3.468.000

On voit que la petite culture est très répandue, ce qui est fort naturel, puisqu'il existe beaucoup de petits propriétaires-cultivateurs.

La division de la *culture* est loin d'être la même dans toutes les régions de la France, et cette observation s'applique à la division de la propriété.

Les causes qui font varier la division de la culture sont très nombreuses.

On peut dire que la nature du sol, celle des récoltes, et surtout la richesse des cultivateurs, exercent une grande influence sur l'étendue des exploitations dans une région. Partout, le propriétaire cherche à donner à sa ferme ou à sa métairie, la surface qui convient le mieux aux exigences des locataires et lui assure le revenu le plus élevé. — Si, dans l'ouest de la France, par exemple, la surface d'une métairie dépasse rarement 40 hectares, c'est que les métayers ne pourraient pas cultiver, avec leurs ressources et les bras dont ils disposent, une plus grande étendue. Une métairie de 100 hectares ne trouverait pas de locataire. Inversement, en Beauce ou en Brie, les riches fermiers qui disposent de grands capitaux, ne se contenteraient pas d'une ferme de 40 hectares. Les propriétaires ont été amenés à constituer de grandes exploitations, qui se louent plus cher parce qu'elles sont plus demandées. — Certaines cultures, comme celle des légumes ou de la vigne, exigent beaucoup de soins et de main-d'œuvre; elles sont faites sur de petites surfaces en général, et, comme d'autre part, les chances de destruction de la récolte des vignobles sont très grandes, il arrive, le plus

souvent, que les vignerons ne cultivent pas une
grande étendue.

On a beaucoup vanté les mérites de la grande culture, et certains agronomes soutiennent que la culture par grandes fermes permet, seule, de réaliser
des bénéfices importants. Il n'en est rien. Chaque
catégorie de culture, petite, moyenne ou grande, a
sa place marquée selon les circonstances. Les agriculteurs peuvent, d'ailleurs, corriger, en s'asso-
ciant (1), les inconvénients de la petite culture.

La population agricole

La population agricole de la France comprend
deux catégories : 1° les travailleurs agricoles, c'est-à-
dire les propriétaires-cultivateurs, fermiers, métayers, régisseurs, journaliers, domestiques ; 2° la
famille de ces mêmes personnes — femmes, enfants,
vieillards. — Ce serait une erreur de croire que les
femmes, les enfants et les vieillards ne travaillent pas,
eux aussi. La statistique officielle désigne, en réalité,
par « travailleurs agricoles », les chefs de famille.

L'importance numérique de ces deux catégories,
constituant la population agricole tout entière, est
indiquée dans le tableau suivant (année 1892) :

_____

(1) Voir le chapitre II, page 43.

	nombre
Propriétaires cultivateurs..........	2 199 000
Fermiers........................	1 061 000
Métayers.........................	344 000
Régisseurs.......................	16 000
Journaliers......................	1 210 000
Domestiques.....................	1 832 000
	6 662 000
Famille des précédents (femmes, enfants, vieillards)	10 772 000
Total de la population agricole.....	17 434 000

La population agricole représente un peu moins de la moitié de la population totale de la France.

On a dit bien souvent que la population tendait à déserter les campagnes pour se porter dans les villes. Cela est vrai, mais il ne faut pas exagérer l'importance et la rapidité de cette émigration des campagnes vers les centres. A l'heure actuelle, notre population agricole est encore très nombreuse par rapport à la population totale (47 0/0), et si nous comparons notre situation à celle des autres nations, nous voyons que la France est restée un pays agricole. C'est ce que prouve le tableau suivant :

	Proportion o/o de la population agricole comparée à la population totale
Autriche.....................	55
France.......................	47
Etats-Unis	44
Allemagne....................	42
Danemark.....................	46
Italie........................	35
Belgique	34
Angleterre...................	15

Sur 100 habitants, on compte, en France, 47 personnes faisant partie du groupe agricole, tandis que
cette proportion est beaucoup plus faible dans les
pays qui nous entourent, comme la Belgique, l'Italie, l'Allemagne, etc., etc. Il ne faut donc pas croire
que nous soyions dans une fâcheuse situation, par
rapport aux autres nations.

La diminution de la population agricole n'affecte
pas, d'ailleurs, toutes les catégories d'agriculteurs.
Ce sont les *journaliers* dont le nombre a diminué.
Il y a augmentation, au contraire, pour les propriétaires-cultivateurs, les fermiers et les métayers.

L'emploi beaucoup plus fréquent des machines et
l'extension des cultures fourragères, expliquent la
réduction du nombre des ouvriers, et, contraire-
ment à une opinion fausse, mais trop répandue, la
diminution de la population agricole est surtout sen-
sible dans les pays où la culture est riche et où les
salaires sont élevés.

De l'emploi des capitaux en agriculture

On a la fâcheuse habitude de confondre dans le
langage courant, le mot *capital* avec le mot *argent*;
et l'on emploie volontiers ces deux mots l'un pour
l'autre. C'est une erreur. L'argent monnayé constitue
bien un capital, mais, cette dernière expression,
beaucoup plus générale, sert à désigner toutes les
richesses qui peuvent être utilisées pour produire

d'autres richesses. Ainsi, les animaux domestiques, la terre, les récoltes, les instruments de culture, les fourrages et les engrais sont des *capitaux*, bien qu'on n'ait pas l'idée de les confondre avec des pièces d'or ou d'argent.

Cette distinction bien établie, nous allons chercher comment on fait usage des capitaux en agriculture.

Il y a lieu, tout d'abord, de distinguer deux catégories de capitaux. La première est représentée, 1° par la terre arable, les prairies, vignes, bois, etc., etc.; 2° par les bâtiments servant au cultivateur pour se loger ou abriter ses animaux, ses récoltes, ses outils, etc., etc.; 3° par la réserve de fourrages, de pailles, de fumiers, qu'on trouve dans toutes les exploitations rurales bien administrées. Ces divers capitaux sont appelés *capitaux fonciers*.

Pour cultiver le sol et faire un usage utile de ces *capitaux fonciers*, il est nécessaire que le cultivateur possède d'autres capitaux. Tels sont : les semences, les animaux de trait, les animaux de rente (vaches, bœufs à l'engrais, bouvillons et génisses, moutons, porcs, volailles, etc., etc.) ; les instruments aratoires; les outils ; les machines à battre; le mobilier des écuries, vacheries, bergeries, laiteries, etc., etc. En outre, le cultivateur doit posséder quelques avances en argent pour payer son propriétaire, s'il est locataire, pour acquitter ses impôts, nourrir et payer ses ouvriers ou domestiques, acheter des engrais industriels, se procurer des animaux maigres qu'il engraissera, etc., etc...

Tous ces capitaux et avances constituent la deuxième catégorie des capitaux employés en agriculture. On les appelle capitaux d'*exploitation*, parce qu'ils servent à mettre en valeur, à *exploiter* précisément les *capitaux fonciers*.

Quelques remarques très importantes doivent, maintenant, être faites à propos de la distinction établie entre les deux catégories de capitaux utilisés en Agriculture.

1° La valeur des capitaux *fonciers* est toujours largement supérieure à celle des capitaux d'*exploitation*.

Ainsi, pour mettre en culture une ferme de 100 hectares valant 200.000 francs, il suffira de posséder un capital d'exploitation de 40.000 francs. — La valeur du capital foncier est donc cinq fois plus grande que celle du capital d'*exploitation* ou de *culture*. Cette proportion est tantôt plus forte, tantôt plus faible, mais le capital foncier est toujours plus considérable que le capital de culture.

Nous verrons tout à l'heure combien cette observation est importante.

2° Il arrive fort souvent que la même personne possède et les capitaux *fonciers* et les capitaux d'*exploitation*. C'est le cas des propriétaires-cultivateurs si nombreux, nous l'avons vu, dans notre pays. Ce mode d'exploitation constitue ce que l'on nomme habituellement le *faire-valoir direct*.

Quand un cultivateur loue une ferme à prix d'argent, il apporte les capitaux d'*exploitation*, et *emprunte* le capital foncier à un propriétaire qui lui cède la jouissance d'un domaine moyennant une somme *fixe, annuelle* que l'on nomme *fermage*. Les choses se passent, en réalité, comme si le cultivateur empruntait une somme d'argent suffisante, pour acheter la ferme qu'il veut cultiver. Le fermage représente l'intérêt de la somme que vaut le domaine loué.

Dans le cas de location, on voit que les capitaux fonciers et les capitaux d'exploitations appartiennent à deux personnes différentes.

Il en est encore de même quand il s'agit de *métayage*, seulement, le locataire donne une part des principales récoltes, *en nature*, au lieu de payer une somme fixe annuellement.

Le contrat de métayage correspond à un emprunt comme le contrat de fermage. Dans l'un et l'autre cas les capitaux fonciers et d'exploitation appartiennent à des personnes différentes ; seulement le propriétaire prête le plus souvent à son métayer, outre le capital foncier, la moitié, les trois quarts, voire même la totalité des capitaux de culture.

3° Les capitaux *fonciers* ne donnent pas les mêmes revenus que les capitaux d'exploitation. Un domaine valant 100.000 francs ne rapporte guère plus de 3.000 francs nets à son propriétaire. En d'autres termes, le taux o/o de placement des capitaux *fonciers* est faible et varie ordinairement de 2 1/2 o/o à 4 o/o.

Les capitaux d'*exploitation* administrés par un cultivateur expérimenté et travailleur, sont placés à un taux beaucoup plus élevé. Avec un capital de 100.000 francs, un fermier peut louer une ferme de

deux cents hectares et réaliser un bénéfice net de
10.000 francs. — Son capital est donc placé à 10 o/o,
et ce taux de placement est souvent dépassé.

Ces diverses remarques nous permettent de tirer
des conclusions importantes de l'observation des
faits.

Nous venons de voir que les capitaux fonciers
étaient toujours d'une valeur supérieure à celles des
capitaux d'exploitation, et que, d'autre part, le taux
de placement des premiers était bien inférieur à
celui des seconds. Il en résulte qu'un agriculteur
habile et instruit est intéressé à exploiter le sol comme
locataire au lieu de devenir propriétaire. De cette
façon il emploie *toute* sa fortune comme capital d'exploitation, et en tire un revenu supérieur à celui qu'il
eût obtenu en cultivant des terres achetées par lui.

Exemple. — Un agriculteur possède 100.000 francs.

En supposant qu'il faille, pour cultiver la terre
dans cette région, un capital d'exploitation de 500 fr.
par hectare, notre cultivateur peut louer une ferme
de 200 hectares, valant, à 2.000 francs par hectare,
400.000 francs, et rapportant à son propriétaire un
fermage net de 12.000 francs ou de 60 francs par
hectare.

A 10 o/o, le bénéfice du fermier qui emploie toute
sa fortune à constituer un capital de culture sera de
10.000 francs.

Supposons, au contraire, qu'il veuille acheter un
domaine et le cultiver.

Il ne pourra, *dans les mêmes conditions*, qu'acquérir une propriété de 40 hectares valant 80.000 fr.;

il lui restera, en outre, 20.000 francs pour exploiter ses terres. Son bénéfice annuel sera :

1º L'intérêt à 3 0/0 de 80.000 f. ou................ 2.400 fr.
2º Le bénéfice à 10 0/0 de 20.000 fr. (capital
    de culture).............................. 2.000

               Total........... 4.400 fr.

Dans le premier cas, notre agriculteur gagne 10.000 fr.; dans le second, il ne gagne plus que 4.000 francs !

Il est donc avantageux d'être locataire, c'est-à-dire de louer les capitaux fonciers et d'employer toute sa fortune à exploiter un domaine au lieu de l'acquérir. Ceci n'empêche nullement les cultivateurs de devenir propriétaires à leur tour quand ils trouvent à acheter dans de bonnes conditions et veulent *placer* leurs économies.

La location par métayage est encore plus avantageuse que le bail à ferme pour les cultivateurs laborieux qui ne possèdent pas le capital d'exploitation suffisant pour louer une ferme et l'exploiter à leur compte. En cas de métayage, le propriétaire fournit toujours la moitié du capital de culture, parfois même il prête à son métayer la totalité de ce capital. Un cultivateur pauvre peut donc, ainsi, se procurer tout ce qui est utile pour mettre en valeur un domaine, et ses gains sont toujours supérieurs à ceux d'un journalier ou d'un domestique.

Il résulte, enfin, de tout ce que nous venons de dire à propos de la location des domaines, que les opérations de prêt et de crédit sont très fréquentes en agriculture. — Les baux à ferme ou à métayage sont, en effet, des opérations de *crédit*.

Les propriétaires prêtent, en réalité, les capitaux fonciers qu'ils ne peuvent pas mettre eux-mêmes en valeur, et les locataires se procurent, ainsi, à un taux d'intérêt de 2 1/2 0/0 à 4 0/0 les capitaux qu'ils ne possèdent pas.

Ces opérations sont avantageuses aux deux parties en présence:

1° Les propriétaires tirent un revenu des capitaux fonciers qu'ils ne peuvent pas exploiter eux-mêmes.

2° Les fermiers et métayers obtiennent des bénéfices en se servant des capitaux d'exploitation dont ils disposent, ou simplement en utilisant leur activité et leurs connaissances.

Calcul du capital d'exploitation nécessaire pour la culture

Peut-on calculer à l'avance le capital de culture nécessaire pour mettre en valeur un domaine ? — Assurément ce calcul est possible d'une façon générale, et en observant ce qui se passe dans les fermes ou propriétés bien administrées, il est possible d'indiquer des règles. Toutefois ces règles ne s'appliquent qu'aux exploitations ordinaires où l'on se livre à la culture des céréales, de quelques plantes industrielles comme la betterave, à la production des fourrages et à l'élevage ou l'engraissement des animaux. Nous laissons de côté les cultures spéciales telles que celles de la vigne, les jardins maraîchers, les forêts, etc., etc.

Il existe une relation étroite entre l'importance du capital d'exploitation par hectare cultivé et la valeur locative du sol. — Le capital de culture est d'autant plus élevé que la valeur du sol est plus grande. Telle est la règle. En outre, le capital de culture nécessaire augmente plus rapidement que le prix de fermage du sol.

Il résulte de nombreuses observations que, pour obtenir le chiffre du capital de culture, on doit multiplier le prix de location du domaine ou de l'hectare par 4, 5, 6 ou 7.

Quand le prix de fermage est inférieur à 40 francs par hectare, on multiplie par 4.

Pour un fermage de 40 à 60 fr. on multiplie par 5.

Pour un fermage de 60 à 80 fr. on multiplie par 6.

Au delà de 80 fr. on multiplie par 7.

EXEMPLE. — Une ferme est louée à raison de 70 francs par hectare. — Pour calculer le capital d'exploitation, il suffit de multiplier 70 par 6 ce qui donne 420 francs.

Si l'on connait seulement la valeur locative du domaine, en bloc — on divise ce chiffre par la surface en culture, ce qui donne le fermage par hectare, et l'on multiplie ensuite par les coefficients que nous avons indiqués.

Quand il s'agit d'un domaine dont on ne connaît
pas la valeur locative, il y a lieu de la déterminer par
comparaison avec des propriétés voisines, ou de calculer cette valeur locative sur le pied de 3 o/o du
prix d'achat :

Ainsi, un domaine de 50 hectares a été payé
70.000 francs. — Ce prix correspond à un revenu
net moyen de 2.100 francs, ou de 42 francs par
hectare.

Le capital de culture nécessaire pour mettre en
valeur cette exploitation, sera environ de 210 francs
par hectare ou de 10.500 francs pour l'ensemble du
domaine. C'est là un minimum. — Le capital d'exploitation est toujours relativement plus élevé quand
il s'agit d'un petit domaine.

Ce que nous venons de dire à propos du calcul
des capitaux d'exploitation, n'est vrai que pour des
domaines soumis au système de culture généralement
adopté. Quand il s'agit de domaines où l'on
fait surtout des cultures industrielles, où l'on élève
et engraisse beaucoup de bétail, le capital d'exploitation devient plus considérable. Il représente parfois le tiers de la valeur du sol et plus de dix fois le
fermage. Ce sont là des situations exceptionnelles.
Il nous suffit de les signaler.

On pourrait croire que le capital de culture doit
toujours être au moins égal à la valeur des instruments, du bétail, du mobilier de ferme, et, en outre,
à la totalité des avances aux cultures ou des dépenses
faites dans le courant d'une année. C'est là une
erreur.

En effet, si le cultivateur achète des engrais industriels, des animaux maigres pour l'engraissement, s'il acquitte son fermage, ses impôts, paie ses ouvriers, etc., etc., d'autre part, il fait dans le cours d'une année des recettes successives et échelonnées. Les animaux vendus jeunes ou gras, les produits de la laiterie, la vente des céréales, des fourrages, de la paille quelquefois, etc., etc., lui permettent de renouveler son fonds de roulement.

Examinons maintenant comment est constitué le capital d'exploitation d'un cultivateur. Nous prendrons pour cela un exemple, car les éléments du capital de culture varient avec le système employé.

Voici une ferme de 135 hectares où l'on cultive des céréales, des betteraves à sucre et où l'on engraisse des bœufs.

On compte :

50 hectares de froment ;
50 hectares de betteraves ;
15 hectares d'avoine ;
12 hectares de luzerne et sainfoin.

Le capital d'exploitation est très élevé ; il atteint *mille francs* par hectare, soit 135.000 en totalité. Ce capital est représenté par :

Instruments d'*extérieur* (charrettes, charrues, herses, semoirs, faucheuses, etc.).	29.000 fr.
Mobilier d'*intérieur* (batteuses, etc.)......	11.890
Bétail conservé toute l'année.............	13.350
	54.240 fr.

Le reste du capital de culture est représenté par les avances aux cultures, les animaux maigres revendus gras, les salaires, fermages, impôts, achats d'engrais et d'aliments pour le bétail, etc. etc.

Le fonds de roulement est égal à 80.000 francs.

Ce fonds de roulement se renouvelle dans le courant de l'année, comme nous le disions plus haut, et les dépenses totales faites avec cette somme de 80.000 francs, s'élèvent à près de 150.000 francs ! Cela est possible, parce que des recettes successives viennent compenser les dépenses.

Voici maintenant un exemple tout différent. Il ne s'agit plus de cultures industrielles ni de céréales. Le cultivateur est surtout un éleveur et un engraisseur. La métairie dont nous parlons est située dans le Limousin et sa surface n'est que de 40 hectares ainsi divisés ;

Terres arables..........................	14ʰ
Prairies naturelles	11
Prairies temporaires	1.50
Taillis.................................	3.50
Bruyères...............................	10
	40.00

Le capital d'exploitation, fourni presque tout entier *par le propriétaire*, est ainsi représenté :

```
2 bœufs.............................
12 vaches d'élevage...............
1 vache laitière ..................
4 génisses.........................  } 9.400 fr.
10 élèves..........................
50 brebis et 1 bélier.............
2 truies et 8 porcs..............
Instruments de culture............     600
Fonds de roulement...............   1.200
                                    ─────────
                    Total....   11.200 fr.
```

Le capital d'exploitation est très considérable par rapport aux ressources des autres métayers de la région, mais on voit surtout combien le bétail représente une fraction importante de ce capital. Le fonds de roulement, au contraire, est très faible.

A chaque situation différente en agriculture correspond, en effet, une répartition spéciale du capital de culture entre les éléments qui le constituent.

Culture intensive et extensive

Ces expressions : Culture intensive, culture extensive sont fort souvent employées, et il est utile d'en préciser le sens.

On entend par culture intensive, la culture faite avec des capitaux d'exploitation considérables dans le but d'obtenir de grosses récoltes. — Dans cet ordre d'idées, le cultivateur dépense beaucoup par hectare cultivé, mais doit faire de fortes recettes brutes. — En résumé, ce qui caractérise ce système c'est l'élévation du capital de culture.

La culture *extensive* est, au contraire, caractérisée par l'emploi d'un faible capital d'*exploitation* qui ne permet pas d'obtenir de grosses récoltes, mais assure, en revanche, des économies de dépenses ou d'avances aux cultures.

Il était de mode de soutenir que l'agriculture intensive permettait seule de faire des bénéfices considérables et qu'elle devait être considérée comme la culture de l'avenir. — C'est là une opinion beaucoup trop exclusive et par conséquent très dangereuse. On peut, il est vrai, augmenter quelquefois les rendements et obtenir de grosses récoltes en dépensant beaucoup par hectare, sous forme d'engrais et de façons culturales; mais le cultivateur ne se propose pas de faire produire beaucoup à sa terre, sans songer aux résultats financiers, c'est-à-dire aux profits qu'il tire de l'emploi de ses capitaux. Le but que doit poursuivre un bon agriculteur c'est de gagner beaucoup d'argent et de placer, aux plus gros intérêts possibles, son capital de culture. Or, il n'est pas démontré le moins du monde que l'on gagne toujours plus d'argent en pratiquant la culture intensive qu'en adoptant le système extensif.

La nature du sol, l'habileté du cultivateur, l'espèce des produits récoltés, la facilité de vendre telles ou telles denrées ou de les transporter, sont très variables et commandent l'adoption de la culture soit intensive, soit extensive. C'est l'expérience qui tranche la question de savoir s'il est plus lucratif d'augmenter les recettes en dépensant davantage, ou de se contenter de récoltes plus faibles en dépensant moins.

EXEMPLES. — 1° Deux cultivateurs se succèdent sur une même ferme. Le premier avait un capital d'exploitation de 400 francs par hectare. Le produit brut de sa culture ne s'élevait pas à plus de 300 fr. par unité de surface et les bénéfices nets représentaient 9 o/o de ce capital de culture.

Le second fermier, succédant au premier, porte le capital d'exploitation à 1.000 francs, et le produit brut à 770 francs. Les bénéfices *s'élèvent* à 13 o/o du capital engagé.

CONCLUSION. — *Ici, la culture intensive a été heureuse parce que les capitaux de culture ont été plus productifs. Leur taux de placement s'est élevé de 9 o/o à 13 o/o.*

Voici maintenant un exemple en sens inverse qui n'est pas moins instructif :

2° Dans une exploitation, le cultivateur fait de la culture intensive. Son capital de culture s'élève à 720 francs par hectare et son produit brut à 600 fr. Ses profits ne représentent que 6 o/o des capitaux engagés.

Le cultivateur qui lui succède, abaisse le capital d'exploitation à 480 francs. Le produit brut de cette culture tombe à 400 francs, mais les profits représentent 11 o/o du capital.

CONCLUSION. — *La culture à gros capital a donné de moins bons résultats que la culture extensive à capital réduit. Le taux de placement des capitaux d'exploitation est plus élevé quand on diminue la somme engagée par hectare, par conséquent, il y a avantage à adopter ce système de culture.*

CHAPITRE II

Les Sociétés coopératives agricoles

Nous sommes ici en présence d'une forme nouvelle de l'*Association*. — Les Sociétés coopératives ont pour objet soit l'*achat*, soit la fabrication de certaines denrées ; enfin, la fabrication peut elle-même être bornée à la consommation spéciale et particulière des membres de la Société coopérative, ou être destinée à la vente au public.

Ainsi, des agriculteurs se groupent pour acheter en commun non seulement des engrais, des semences, des instruments, mais encore des denrées alimentaires, des vêtements, etc., etc. Ils constitueront une Société coopérative de *consommation*, puisque leur but est de consommer ou d'utiliser ce qu'ils achètent. Dans ce cas, ils n'achètent pas pour revendre, comme le fait un commerçant, et ils n'ont pas en vue la recherche d'un *bénéfice*, mais bien celle d'une *économie* résultant d'un achat en gros. — C'est là le caractère spécial de la coopérative : réaliser une économie qui profite aux seuls membres de la Société, et non pas un *profit commercial* obtenu en s'adressant au *public*.

La *fabrication* ou la *préparation* d'un produit peut également faire l'objet de la création d'une Société coopérative de *consommation*. Telles sont les *Boulangeries* et les *Boucheries* coopératives. Le pain fabriqué, la viande débitée et préparée, ne sont vendus qu'aux membres de la Société, et ces derniers réalisent une *économie* et non un profit commercial.

Lorsque la fabrication d'un produit a pour objet la vente au public, la Société coopérative prend le nom de *Coopérative de production*. Ainsi, lorsque des agriculteurs fondent une *Beurrerie* ou une *Fromagerie* à frais communs, avec leurs propres capitaux ou des capitaux empruntés, pour fabriquer des beurres ou des fromages qui seront vendus au public, ces cultivateurs créent une Société coopérative de *production*.

Il existe dans notre pays, et surtout dans l'Ouest, un assez grand nombre de boulangeries coopératives qu'il serait utile de multiplier. Les boucheries coopératives sont beaucoup plus rares.

Les laiteries-beurreries et les fromageries sont déjà nombreuses et le deviendront chaque année davantage, à cause des avantages considérables que présentent l'enlèvement du lait, la fabrication rapide et soignée des beurres, puis enfin leur vente dans des conditions d'économie et de bonne administration que l'action collective peut seule réaliser : les cultivateurs isolés ne peuvent pas bien fabriquer ou bien vendre. — Ce que nous disons du beurre est vrai pour les fromages, quand ces derniers, comme le gruyère, exigent par « pain » ou « roue » la manipulation d'une grosse quantité de lait. Les petits cultivateurs ne peuvent pas isolément fabriquer le gruyère. Aussi, dès la fin du XVIII° siècle, avaient-ils fondé des *fruitières*, qui étaient de véritables sociétés coopératives de production.

Nous ne pouvons songer, dans ce petit volume, à donner des renseignements détaillés sur l'organisation des Sociétés coopératives de consommation. Nous nous bornerons à reproduire ci-dessous les statuts d'une laiterie-beurrerie de l'Ouest, et à indiquer dans un tableau le coût d'installation de quelques établissements de ce genre.

Laiterie coopérative des agriculteurs réunis de Nalliers (Vendée) et ses environs

STATUTS

BUT ET ORGANISATION DE LA SOCIÉTÉ

ARTICLE PREMIER. — Il est institué entre les habitants de la commune de Nalliers et ses environs une Association qui prend le titre de *Laiterie coopéra-*

tive des agriculteurs réunis de Nalliers et ses environs.

ART. 2. — Le siège de la Société est au chef-lieu de la commune de Nalliers, dans les locaux choisis par le conseil.

ART. 3. — L'Association a pour but la fabrication du beurre et autres produits accessoires en commun, afin d'en obtenir des prix plus élevés.

Chaque membre de la Société devra fournir tout le lait non employé à sa consommation, le lait du dimanche étant également excepté.

Cependant, les propriétaires et fermiers qui, à l'époque de la moisson, emploient des gens à qui ils ont l'habitude de fournir du petit lait, auront, à cette époque, la faculté de garder toute la traite du soir et d'en disposer comme bon leur semblera.

ART. 4. — Sur la convocation du président, la Société se réunira en assemblée générale au moins tous les ans. A cette réunion, qui devra avoir lieu en janvier, il sera rendu compte par le conseil des opérations de l'année et de la situation financière de la Société.

ART. 5. — L'assemblée générale, pour être régulièrement constituée, devra réunir la moitié au moins des sociétaires. En cas d'insuffisance, il sera procédé à huitaine à une nouvelle réunion où les questions pendantes seules seront tranchées, quel que soit le nombre des sociétaires.

ART. 6. — Toutes les discussions politiques ou religieuses, sont interdites dans les réunions de la Société et dans celles du conseil.

SOCIÉTAIRES

ART. 7. — Le nombre des sociétaires est illimité. A toute époque, de nouveaux membres pourront être admis en versant une cotisation dont le chiffre sera fixé par le conseil au commencement de chaque trimestre.

Ces nouveaux membres devront être agréés par le conseil. Les sociétaires fondateurs seuls pourront augmenter le nombre de leurs vaches sans payer aucune indemnité.

ART. 8. — Toute personne majeure ou émancipée, habitant la circonscription de la Société, pourra en faire partie, mais sous la condition expresse de jouir de ses droits civils.

Cependant le conseil d'administration aura la faculté d'admettre les personnes dont la conduite, pendant cinq années suivant leur condamnation, leur paraîtra offrir des garanties suffisantes.

ART. 9. — Tout sociétaire pourra céder son droit, mais le cessionnaire devra être agréé par le conseil.

ADMINISTRATION

ART. 10. — La Société est administrée par un conseil composé de quatorze membres comme suit :

1° Le président, habitant Nalliers ;
2° Un vice-président,   id. ;
3° Un vice-président, habitant X... ;
4° Un vice-président, habitant Y... ;
5° Un vice-président, habitant Z... ;
6° Un vice-président, habitant K... ;

7° Quatre membres, habitant Nalliers ;

8° Quatre membres pris individuellement à X...,
Y..., Z...

Le président, empêché ou absent, sera remplacé
par le vice-président habitant le chef-lieu, et, en cas
d'absence de ce dernier, par le plus âgé des autres
vice-présidents.

ART. 11. — Il est nommé un surveillant par vingt
sociétaires et fraction d'au moins dix.

Ces surveillants sont chargés de faire connaître
au conseil d'administration les négligences dans les
soins à donner au lait et les fraudes qu'ils pourraient découvrir.

ART. 12. — Les membres du Conseil d'administration, pris parmi les fondateurs, sont tous élus par
l'Assemblée générale et renouvelables tous les trois
ans, le premier renouvellement devant avoir lieu par
conséquent à l'Assemblée générale de 19...

L'élection a lieu à la majorité absolue et à la majorité relative, si un second tour est nécessaire. En
cas d'égalité de voix, le plus âgé est proclamé élu.
Les membres sortants sont rééligibles. Les sociétaires présents sont seuls admis au vote.

ART. 13. — Toutes les délibérations de l'Assemblée sont prises à la majorité des membres présents ;
en cas de partage de voix, celle du Président est prépondérante.

ART. 14. — Le conseil peut, pour des raisons dont
il est seul juge, prononcer l'exclusion d'un ou plusieurs membres, sans préjudice de poursuites à
exercer contre eux.

Cette décision sera prise d'office contre tout Sociétaire qui aurait employé la fraude en livrant des produits falsifiés ou de mauvaise qualité. Seront également exclus les membres qui, par des critiques ou des propos malveillants, auraient occasionné des troubles au sein de la Société et nui à son fonctionnement. Les membres ainsi exclus n'en resteront pas moins engagés envers la Société.

DURÉE DE LA SOCIÉTÉ

ART. 15. — La durée de la Société est fixée à dix ans à partir du 1" janvier 19..., plus le prorata de l'année courante, si elle fonctionne avant cette époque.

EMPRUNT

ART. 16. — Il sera contracté un emprunt pour l'achat des terrains, constructions, matériel et accessoires nécessaires à l'installation de la Société.

Tous les membres seront solidairement responsables au prorata des droits acquis.

BUDGET

ART. 17. — A la fin de chaque mois, le Conseil détermine quelle somme doit être prélevée sur le produit des marchandises vendues, mais qui ne pourra excéder dix pour cent. Cette somme servira à l'amortissement des emprunts et au service des diverses charges sociales. Le surplus sera distribué aux Sociétaires au prorata des fournitures de lait qu'ils auront faites.

ATTRIBUTIONS DES MEMBRES DU CONSEIL

ART. 18. — Le Conseil d'administration fait tous les actes non réservés à l'Assemblée générale, il approuve les comptes et vote le budget, il autorise les emprunts, obligations hypothécaires, achat et vente d'immeubles, les baux excédant une année et les dépenses non prévues au budget, autres que celles de simple administration. Il vote, le cas échéant, les modifications aux Statuts.

ART. 19. — Aucune action ne pourra être engagée sans l'assentiment du Conseil. Elle sera suivie par le Président. Ses membres ne contractent, en raison de leur gestion, aucune obligation personnelle, ils ne répondent que de l'exécution de leur mandat. (Article 32 du Code de Commerce.)

ART. 20. — Toutes les fonctions des membres du Conseil d'administration sont gratuites, y compris celle du Trésorier si ce dernier est pris dans son sein. Les fonctions de surveillants sont également gratuites. Néanmoins, en cas de déplacements d'un ou de plusieurs membres du Conseil d'administration pour les intérêts de l'Association, les frais occasionnés par ces déplacements seront supportés par la Société.

ART. 21. — Le Conseil choisira les divers employés nécessaires au fonctionnement de l'usine et en fixera les émoluments annuels, mensuels ou journaliers.

ART. 22. — Chaque année, au mois de janvier, le président rendra compte en Assemblée générale de sa gestion et de celle du Conseil d'administration : à cet effet, un inventaire général comprenant l'actif et le passif de la Société sera soumis à l'Assemblée générale à l'appui des comptes du Conseil.

ART. 23. — Le Conseil, pour délibérer valablement, doit réunir en tout cas la moitié de ses membres.

ART. 24. — Toutes les propositions faites en Assemblée générale devront être écrites et déposées sur le bureau.

ART. 25. — Les propositions tendant à modifier les Statuts devront émaner du Conseil ou être signées de trente membres au moins, et communiquées quinze jours avant l'Assemblée générale. Elles ne pourront être acceptées qu'à la majorité des deux tiers des membres présents.

ART. 26. — Si le Président ou les Vice-Présidents se retiraient dans l'année, ils seraient remplacés aussitôt. Les autres vacances ne donneront lieu à des élections que s'il manquait plus d'un quart des conseillers.

ART. 27. — La dissolution de la Société ne pourra être prononcée qu'en Assemblée générale à la majorité des deux tiers de la totalité des membres. Dans ce cas, tout Sociétaire participera à l'actif comme au passif de la Société au prorata des marchandises fournies par lui pendant son fonctionnement.

ART. 28. — Des règlements particuliers, tracés par le Conseil d'administration, fixeront le régime à suivre dans certains cas relatifs à la gestion de la Société, qui n'ont pas été établis par les présents.

SOINS A DONNER AU LAIT

Art. 29. — Le lait demande des soins minutieux pour être livré en bon état, l'été surtout. Tout Sociétaire doit se conformer aux prescriptions ci-après, afin que le lait arrive en bon état à la laiterie.

Le lait de la traite du matin ne doit jamais être mélangé avec celui du soir, et chaque lait doit être apporté à la voiture dans un gallon distinct.

Le lait doit toujours être conservé dans un endroit propre et frais et à l'abri de toute odeur.

La meilleure pratique pour le bien conserver est de le refroidir, aussitôt la traite, à une température très basse, 10 à 12° si possible. Plus le refroidissement est prompt et intense, mieux il vaut. Aussitôt la traite, le lait doit être passé sur une toile blanche et très propre (la passoire seule ne suffit pas), et conservé uniquement dans un seau en tôle très propre et fraîchement étamé.

La prise d'échantillon, et cela dans l'intérêt du propriétaire, doit se faire de la manière suivante : le lait est versé dans le seau du ramasseur, puis reversé dans celui du propriétaire et alors l'échantillon est immédiatement prélevé.

Extrait du code pénal, art. 123 : Seront punis de la prison ceux qui falsifieront des substances ou denrées alimentaires. (Loi du 27 mars 1851.)

Art. 30. — Le Conseil est autorisé à prélever ou faire prélever des échantillons chez les Sociétaires de son choix, soit par le garde champêtre, soit par le tourne-lait.

Art. 31. — Les échantillons seront en double expédition, déposés à la mairie de Nalliers. Ils seront cachetés à la cire et à la marque de la Société. Le propriétaire aura le droit de coller une bande de papier gommé sur le cachet et d'y apposer sa signature, s'il le juge nécessaire.

Art. 32. — Un second échantillon sera pris le soir même ou le lendemain après la traite faite, en présence de deux témoins désignés par le Conseil. Ces échantillons seront déposés comme il est dit à l'article précédent et laissés crémer. Ils seront ensuite examinés en temps utile par la Commission réunie à cet effet, qui jugera en dernier ressort et pourra condamner à une amende de 100 à 1.000 francs et à l'exclusion, s'il y a lieu.

Art. 33. — Chaque traite devant être livrée séparément et dans un vase spécial, le lait ne devra pas être remué. S'il en était autrement, le tourne-lait refuserait d'en prendre livraison.

Les Sociétaires qui voudraient faire du beurre pour leur consommation en informeront le tourne-lait vingt-quatre heures à l'avance.

Art. 34. — Comme il existe dans la contrée des endroits qui ne sont pas accessibles en tout temps, le Conseil se réserve le droit de refuser les Sociétaires dont l'habitation se trouverait dans ces conditions, à moins toutefois qu'ils n'apportent leur lait sur le passage ordinaire du laitier.

Art. 35. — Tout Sociétaire sera engagé par l'acceptation des présents Statuts.

Laiterie coopérative des Cultivateurs réunis de Nalliers et ses environs

Compte rendu de l'année 1899

RÉSUMÉ MENSUEL DES OPÉRATIONS DE L'ANNÉE 1899

MOIS	QUANTITÉ de lait travaillé		QUANTITÉ de beurre fabriqué		PRODUIT de la vente du beurre		RETENUES approximatives pour les frais généraux		SOMMES payées aux sociétaires		RELIQUATS		PRÉLÈVEMENTS sur les recettes	
	litres	1/2	kilos	gr.	fr.	c.	fr.	c.	fr.	c.	fr.	c.	fr.	c.
Janvier	256.847	1/2	11.988	»	34.513	92	3.023	95	30.821	70	68	27		
Février	258.165		11.670	500	33.687	78	3.537	21	29.688	97	461	60		
Mars	328.319	1/2	14.490	750	42.227	13	4.328	26	37.756	74	142	13		
Avril	424.844	1/2	18.751	750	47.371	71	4.737	17	42.484	45	150	09		
Mai	546.971		23.519	»	48.830	84	4.883	08	43.757	68	190	08		
Juin	480.389	1/2	20.244	250	41.331	45	4.270	12	38.431	16	»	»	1.369	83
Juillet	427.114		18.455	500	42.741	80	4.274	18	38.440	26	27	36		
Août	358.436	1/2	15.732	»	40.208	23	4.026	61	35.843	65	395	97		
Septembre	208.023		14.128	»	41.799	91	4.388	99	37.252	87	158	05		
Octobre	285.334	1/2	13.800	500	39.770	39	3.977	05	35.666	81	126	73		
Novembre	282.900		14.094	500	39.389	85	3.938	98	35.362	50	88	37		
Décembre	216.143		10.888	»	31.724	03	3.489	64	28.098	59	135	80		
Totaux	4.163.488		187.762	750	483.655	24	49.475	24	438.605	38	1.944	45	1.369	83

Lait { Nombre de litres employés pour la fabrication d'un kilog. de beurre..... 22 litres 17
{ Prix moyen payé aux sociétaires pour un litre de lait..... 0 fr. 104

Beurre : Prix moyen de vente d'un kilog. de beurre (net, frais des facteurs déduits) 2 fr. 575

COÛT D'INSTALLATION DE QUELQUES LAITERIES

LAITERIES DE	CAPITAL PRIMITIF	CAPITAL ACTUEL	LITRES TRAVAILLÉS PAR JOUR	EN HIVER	EN ÉTÉ
Bergues-sur-Sambre	46.200 fr.			4.000	8.000
La Capelle	50.500			2.000	7.000
Cartignies	50.000			4.000	10 à 12.000
Mondrepuis	50.000			1.000	5.000
Le Nouvion	39.600	120.000 fr.		3.000	10 à 12.000
Catillon	60.000	110.000		2.000	10.000
Prisches	60.000			2.000	5.000
Clairfontaine	47.500	90.000		5.000	12.000
Boulogne	25.000	45.000		2.500	5.000
Maroilles, etc.	30.000	40.000		3.000	5.500
St-Christophe-du-Roc	70.000		11.000		
Nalliers	112.467 54		8.000		
Coulon	100.000		7.902		
Uzelet	45.000		1.460		
Fontenay-Rohan-Rohan	12.000		1.500		
St-Georges-de-Rex	19.950				
Prin	25.000				

THIÉRACHE (en hiver / en été) — OUEST : Moyenne de 7.010 litres par jour.

En général, on compte 40 à 50.000 fr. pour une moyenne de 5.000 litres. Dans l'Ouest, certaines laiteries coûtent un peu moins cher, car elles louent seulement leur établissement. Dans la Thiérache, elles, en sont toutes propriétaires.

CHAPITRE III

Les Syndicats agricoles

L'Association des agriculteurs ayant les mêmes intérêts présente un avantage considérable. Jusqu'en 1884 la législation française rendait impossible ce groupement professionnel. Toute association de plus de vingt personnes était, en effet, interdite lorsqu'il ne s'agissait pas d'une société proprement dite civile ou commerciale.

La loi du 21 mars 1884, a modifié très heureusement nos lois en autorisant la création de *Syndicats* professionnels. — Ces Syndicats formés entre agriculteurs, propriétaires, fermiers, métayers, ouvriers, maraîchers, horticulteurs, etc., etc., sont des associations agricoles ayant pour objet, l'*étude* et la *défense* des intérêts économiques. Ces mots *étude* et *défense* des intérêts agricoles ont un sens très large. C'est ainsi que les syndicats se sont occupés, de l'achat et de la vente des engrais, des semences, des machines, de la vente des produits, de défense contre la grêle, les dégâts du gibier, etc., etc. La loi du 4 juillet 1900 autorise même les syndicats à constituer des Sociétés d'assurances mutuelles contre la mortalité du bétail. — A tous ces points de vue, les syndicats ont déjà rendu de très grands services et leur nombre, qui augmente toujours, dépasse aujourd'hui 2.000.

Comment on fonde un Syndicat

La fondation d'un syndicat est extrêmement simple. Il suffit de réunir un certain nombre de cultivateurs et de leur exposer les services qu'ils pourront attendre de l'association, en insistant sur ceux qui répondent le mieux aux besoins locaux. On leur soumet un modèle de statuts qui est discuté et modifié, s'il y a lieu, pour être adopté ensuite par les fondateurs. Les statuts règlent le mode d'administration du syndicat, et les premiers adhérents ont tout d'abord mission d'élire les administrateurs, qui doivent posséder la qualité de Français et jouir de leurs droits civils. Cette condition est la seule exigée par la loi ; mais elle est imposée à toute personne participant à l'administration ou à la direction d'un syndicat agricole. Cela fait, le syndicat agricole est constitué. Les fondateurs ont seulement l'obligation d'effectuer le dépôt des statuts. Ce dépôt a lieu à la mairie du siège social en deux exemplaires sur papier libre. Il doit comprendre les noms de toutes les personnes qui, à un titre quelconque, sont chargées de l'administration ou de la direction du syndicat, mais le dépôt de la liste entière des premiers adhérents n'est pas nécessaire. Les pièces déposées sont exemptes du droit et de la formalité du timbre. (Instruction de l'administration de l'Enregistrement du 25 mars 1885.) Le dépôt des pièces doit être constaté par un récépissé du maire délivré également sur papier libre. L'authenticité des statuts est établie par la signature du Président et du Secrétaire. Lorsqu'a lieu, dans la suite, une modification quelconque des statuts ou du personnel chargé de l'administration de la direction, il faut renouveler, dans la même forme, le dépôt des statuts du syndicat.

A titre d'exemple et de modèle d'un syndicat agricole ordinaire n'ayant pas un objet *spécial*, nous citerons les statuts suivants :

Statuts d'un Syndicat agricole

TITRE PREMIER. — CONSTITUTION DU SYNDICAT

ARTICLE PREMIER. — Entre les soussignés et ceux qui adhéreront aux présents statuts, il est formé un Syndicat agricole, association professionnelle, qui sera régie par les dispositions ci-après, conformes à la loi du 21 mars 1884.

ART. 2. — L'Association prend le titre de Syndicat agricole de

son siège est établi à

Ce siège pourra être déplacé par simple décision de la Chambre syndicale.

Sa durée est illimitée, ainsi que le nombre de ses membres. Elle commencera le jour du dépôt légal des statuts.

TITRE II. — Composition du syndicat

ART. 3. — Peuvent faire partie du Syndicat :

1° Les propriétaires, locataires, usufruitiers ou usagers de fonds ruraux, les faisant valoir par eux-mêmes ou par autrui ;

2° Les régisseurs, fermiers, métayers, vignerons, maraîchers, pépiniéristes, horticulteurs, ouvriers agricoles, fabricants et vendeurs d'instruments d'agriculture, d'engrais ou de produits agricoles ;

3° Et, en général, toutes personnes exerçant une profession connexe à l'agriculture, conformément à la loi de 1884.

Les femmes capables de contracter et remplissant l'une des conditions professionnelles indiquées ci-dessus pourront faire partie du Syndicat et jouir de tous ses avantages.

ART. 4. — Pour devenir membre titulaire du Syndicat, on devra être présenté par deux membres titulaires et admis par la Chambre syndicale à la majorité des membres présents.

La Chambre syndicale, si elle le décide, pourra également inscrire des membres adhérents.

ART. 5. — Tout sociétaire reste membre du Syndicat tant qu'il n'a pas adressé sa démission, par lettre recommandée, au Président, ou signé sur le registre spécial tenu au siège social.

Son exclusion pourra être décidée par la Chambre syndicale sans qu'elle soit tenue d'en faire connaître les motifs.

La faillite, la déconfiture notoire, une condamnation entachant l'honorabilité, le refus de payement de la cotisation après une lettre de rappel, entraînent nécessairement l'exclusion.

L'exclusion devra également être prononcée contre tout syndiqué qui aurait fait profiter un tiers non syndiqué des avantages du Syndicat.

Tout membre démissionnaire ou exclu doit le montant de sa cotisation annuelle en cours ; il perd tous ses droits au patrimoine social.

ART. 6. — Le prix de la cotisation annuelle payable chez le trésorier est de   franc   pour les membres titulaires, et de   franc   pour les membres adhérents, s'il en existe.

TITRE III. — BUT DU SYNDICA

ART. 7. — Le Syndicat a pour objet général l'étude et la défense des intérêts agricoles.

Et pour but spécial :

1° De provoquer et favoriser des essais de culture, d'engrais, de semences, d'expérimenter les instruments perfectionnés et tous autres moyens propres à faciliter le travail, augmenter la production, diminuer le prix de revient et réduire autant que possible le coût de la vie dans les campagnes ;

2° De provoquer l'enseignement agricole et de le vulgariser par des conférences et tous autres moyens qui seront reconnus utiles ;

3° De faciliter l'acquisition des engrais, instruments, animaux, semences, et de toutes matières premières ou fabriquées utiles à l'agriculture ;

4° De se procurer des instruments agricoles destinés à être loués à ses membres pour leur usage exclusif ;

5° De favoriser la vente des produits agricoles ;

6° De donner des avis et consultations sur tout ce qui concerne la profession agricole, de fournir des arbitres et experts pour la solution des questions litigieuses ;

7° Eventuellement, d'encourager le travail agricole par l'organisation de concours, la création d'offices de renseignements pour les offres et demandes de travail, et généralement de s'occuper de tout ce qui peut être utile aux intérêts agricoles, notamment de la prévoyance (accidents, bétail, incendie, etc.), de l'assistance (retraites, secours mutuels, aide mutuelle, etc.), du crédit, de la coopération, etc.

TITRE IV. — Administration

§ 1. — *Bureau*

Art. 8. — Le Syndicat est administré par une Chambre syndicale dont les fonctions sont gratuites.

Cette Chambre syndicale comprend :

1° Un bureau composé d'un Président, deux vice-présidents, un secrétaire, un trésorier ;

2° Trois à neuf membres.

Les membres de la Chambre syndicale sont élus pour trois ans par l'assemblée générale à la majorité absolue des suffrages exprimés. Tous sont rééligibles.

Art. 9. — Le Président préside les séances, dirige les débats et les travaux du Syndicat, le représente en justice et dans tous les actes de la vie civile, ordonnance les dépenses. Sa voix est prépondérante en cas de partage.

Les vice-présidents remplacent le Président en cas d'empêchement.

Le secrétaire rédige les procès-verbaux, tient la correspondance et fait les convocations sur l'ordre du Président.

Le trésorier reçoit les cotisations, encaisse les sommes pouvant revenir au Syndicat à un titre quelconque, paye les dépenses sur le visa du Président, établit chaque année la situation financière.

Art. 10. — En cas de démission ou de décès d'un membre de la Chambre syndicale, celle-ci pourvoiera à son remplacement provisoire jusqu'à la

prochaine assemblée générale, qui nommera défini-
tivement un titulaire à la place vacante, comme il
est dit ci-dessus.

Art. 11. — La Chambre syndicale pourra choisir
des syndics pour la représenter dans chaque commune ou hameau ; elle pourra autoriser la constitution de sections.

Art. 12. — La Chambre syndicale se réunit toutes
les fois que le Président le juge nécessaire.

Le Syndicat donne à la Chambre syndicale les
pouvoirs les plus étendus, pour la gestion des affaires de la Société.

Les membres de la Chambre syndicale ne contractent à raison de cette gestion aucune obligation
personnelle ni solidaire relativement aux engagements et opérations du Syndicat : ils ne répondent
que de leur mandat.

§ 2. — *Assemblée générale*

Art. 13. — Le Syndicat tiendra au moins une
assemblée générale par an. Les membres titulaires,
à l'exclusion des membres adhérents, s'il en existe,
ont seuls droit d'y prendre part.

C'est dans cette assemblée que seront approuvés
les comptes de l'exercice, voté le budget et que se
feront les élections ; l'approbation des comptes servira de décharge au trésorier.

Une assemblée générale pourra être convoquée
extraordinairement toutes les fois que la Chambre
syndicale le jugera nécessaire.

Pour toute assemblée générale, les convocations

doivent indiquer les questions à l'ordre du jour.
Toute question proposée doit être formulée par écrit
et remise au Président. Le Président peut refuser de
mettre en délibération toute question qui n'est pas
à l'ordre du jour.

TITRE V. — PATRIMOINE SOCIAL

ART. 14. — Le patrimoine du Syndicat est formé :
1° Des cotisations de ses membres ;
2° De l'excédent possible des prélèvements desti-
més à couvrir les frais généraux ;
3° Des dons et legs qui peuvent lui être faits ;
4° Des subventions qui peuvent lui être accordées.
Toutefois, le Syndicat ne pourra acquérir, soit à
titre onéreux, soit à titre gratuit, d'autres immeubles que ceux qui sont nécessaires à ses réunions, à
sa bibliothèque et à ses cours d'instruction professionnelle.

TITRE VI. — MODIFICATION AUX STATUTS. — ADHÉ-SIONS. — DISSOLUTION

ART. 15. — Les présents statuts peuvent être re-
visés, modifiés ou complétés par l'assemblée générale.
Pour être valable, toute modification devra être
approuvée par les deux tiers des membres présents
et ne pourra venir en délibération devant l'assemblée générale qu'après délibération et avis conforme
de la Chambre syndicale.

ART. 16. — Le Syndicat pourra être uni, par simple décision de la Chambre syndicale, à un ou plusieurs syndicats pour former une union, ainsi qu'à une ou plusieurs unions de syndicats. Il donne par les présents statuts pleins pouvoirs à sa Chambre syndicale pour faire à cet effet toutes les démarches nécessaires.

ART. 17. — En cas de dissolution de l'Association demandée ou motivée par le bureau, l'assemblée générale réunie à cet effet décidera à la majorité des deux tiers des membres présents l'emploi des fonds pouvant rester en caisse en faveur d'une œuvre d'assistance ou d'intérêt agricole, sans que jamais la répartition s'en puisse faire entre les syndiqués.

ART. 18. — Les présents statuts seront imprimés; deux exemplaires en seront déposés à la mairie du siège social et un exemplaire en sera remis à chaque sociétaire avec indication de son nom, de son numéro d'entrée, de la date de son admission et portera la signature du Président, ce qui, en toute circonstance utile, servira au sociétaire à établir sa situation de membre du Syndicat.

(Modèle de l'*Union du Sud-Est des Syndicats agricoles, à Lyon.*)

Syndicats ayant un objet spécial. — Il est très facile de constituer un syndicat ayant pour objet une œuvre spéciale qui intéresse particulièrement les adhérents. — On rédige dans ce cas des statuts qui visent uniquement l'œuvre en question. Nous citerons par exemple:

1° Les syndicats pour la reconstitution des vignes détruites par le phylloxera.

(Achats de plants américains, de plants greffés, de machines à défoncer, etc., etc.)

2° Les syndicats de défense contre les parasites et les maladies cryptogamiques.

(Achats d'appareils et de matières employées contre les cryptogames.)

3° Les syndicats de défense contre les gelées printanières qui sont désastreuses pour la vigne.

(Achats de matières pour produire les nuages artificiels. — Engagements pris par tous les propriétaires menacés de contribuer aux frais nécessaires.)

4° Les syndicats de tir contre la grêle.

5° Les syndicats de planteurs de betteraves.

(Etude et défense des intérêts des cultivateurs qui vendent leurs betteraves. — Rédaction de traités avec les fabricants de sucre, contrôle du poids, de la tare, de la densité ou richesse saccharine des jus, etc., etc.)

6° Les syndicats d'élevage.

(Achats collectifs d'aliments tels que grains, tourteaux, sels, de reproducteurs mâles et femelles, etc., etc.

7° Syndicats de vente des produits.

(Vente en commun, transports en commun, étude des marchés français ou étrangers et des conditions d'une vente fructueuse, etc., etc.)

8° Syndicats de battage.

3

(Achat et utilisation en commun d'une machine à battre avec son moteur et ses accessoires.)

***

Nous ne pouvons pas songer à donner ici des exemples de tous les statuts qui visent ces opérations spéciales.

Contentons-nous de citer quelques extraits se rapportant: 1° à un syndicat de battage; 2° à un syndicat de vente.

I. *Création et but*

ARTICLE PREMIER. — Il est formé dans la commune de... un Syndicat de battage des récoltes entre les cultivateurs, propriétaires et fermiers qui donneront leur adhésion aux présents statuts.

ART. 2. — Il a pour objet de faciliter à chaque adhérent le battage de sa récolte et à des conditions moins onéreuses, grâce aux avantages résultant du fait de l'association.

ART. 3. — Il est institué, en vertu de la loi du 21 mars 1884 sur les syndicats professionnels.

Sa durée est fixée à dix ans à partie du...

Son siège est fixée à...

III. *Administration*

ART. 11. — L'Association est administrée par un Conseil composé de sept membres élus en assemblée générale, au scrutin secret, par les membres fondateurs et pris parmi eux.

ART. 14. — Le Conseil d'administration nomme lui-même son bureau composé d'un président, d'un vice-président, d'un secrétaire et d'un trésorier.

Leurs fonctions sont gratuites, à l'exception du secrétaire-trésorier auquel il pourra être alloué une indemnité.

Après délibération du Conseil d'administration, le président est le représentant légal de la société.

En cas d'absence du président, il sera remplacé par le vice-président, et en cas d'absence de ce dernier par le plus âgé des administrateurs.

ART. 16. — Le Conseil d'administration se réunit aussi souvent que les besoins et les intérêts de la société l'exigent, et au moins deux fois par an, avant le commencement des battages et avant la reddition des comptes. La présence de quatre membres au moins est nécessaire pour la validité des délibérations. Elles seront prises à la majorité des voix des membres présents; en cas de partage des voix, celle du président est prépondérante.

ART. 17. — Les délibérations sont constatées par des procès-verbaux qui sont portés sur un registre tenu au siège de la société et signés par les membres qui y ont pris part.

Les copies ou extraits à produire en justice ou ailleurs sont certifiés par le président.

ART. 18. — Le Conseil a les pouvoirs les plus étendus pour l'administration des affaires de la société; il peut même transiger, compromettre, donner tous désistements ou mainlevées avec ou sans paiement.

Il règle le fonctionnement de la machine, choisit les agents, fixe leur salaire, surveille l'entretien et les réparations, entend les plaintes et juge les différends qui pourraient s'élever entre les sociétaires et les agents, ou les sociétaires entre eux.

Il arrête ses comptes qui doivent être soumis à l'assemblée générale à la fin de chaque année de battage

IV. *Recettes et dépenses*

Art. 20. — Les sociétaires fondateurs apportent à la société, chacun pour les actions qu'il a souscrites, une locomobile force 5 chevaux, une machine à battre, bâches, outils et accessoires.

Le fonds social est divisé en cent quarante-quatre actions de cinquante francs qui ne seront jamais remboursées et ne produiront point d'intérêt, le travail seul des associés servira à ce remboursement.

Art. 21. — Les cotisations des membres non fondateurs seront payées en entrant dans l'Association entre les mains du trésorier sur présentation d'une quittance à souche signée par lui. Dans le cas contraire, le client ne serait pas considéré comme associé.

Art. 22. — Un tarif fixé ultérieurement en Conseil d'administration détermine les sommes dues par les syndiqués, fondateurs ou autres, pour le battage de leurs récoltes.

Chaque associé devra payer, du 15 au 31 décembre de chaque année, entre les mains du trésorier, le montant de ce qu'il devra pour son battage d'après le nombre d'heures qu'il aura battu et le prix de l'heure qui sera ultérieurement fixé.

Le sociétaire qui se refuserait à payer, à l'époque fixée, par mauvaise volonté et qui obligerait la commission à exercer des poursuites contre lui, sera rigoureusement exclu de la Société, sans préjudice du paiement de sa cote et des dommages et intérêts que celle-ci pourrait lui réclamer.

ART. 23. — Le produit net du battage, joint au produit net des cotisations perçues, sera exclusivement réparti au prorata du capital souscrit par les membres fondateurs.

V. *Dispositions générales*

ART. 24. — La conduite de la machine sera confiée à un mécanicien ayant avec lui deux aides qui devront exécuter ses ordres. Il sera seul chargé du placement des journées de la machine; il sera porteur d'un registre à souche sur lequel il inscrira le tour de battage de chaque sociétaire ainsi que le nombre d'heures de travail qu'il aura données d'accord avec le sociétaire. Ce chiffre sera inscrit et sur le talon conservé par le mécanicien et sur le coupon détaché qui sera remis au sociétaire.

En cas de contestation pour le chiffre à inscrire, le Conseil d'administration devra être immédiatement informé.

Le mécanicien devra remettre ses comptes au secrétaire au moins deux fois par mois.

ART. 25. — Pendant toute la durée de la société, chaque sociétaire sera tenu de battre au moins sa récolte en blé à la machine du Syndicat, il sera libre pour ses avoines, orges et toutes autres récoltes.

Dans le cas de force majeure seulement, il pourra battre à une autre machine la quantité de blé qui pourrait lui être nécessaire, avec autorisation du Conseil d'administration.

*
*

Voici, maintenant, un court extrait des statuts du Syndicat d'Hyères (Var).

« Le Syndicat a pour but spécial:

«... De créer un office de renseignements pour tous les besoins des producteurs tant pour la culture que pour la vente de leur produits, de recevoir les offres et demandes de travail et servir d'intermédiaire entre les patrons et les ouvriers agricoles ;

« De favoriser, et au besoin d'organiser la vente des produits du sol ;

« De poursuivre auprès des compagnies de transports une réduction équitable des tarifs, une plus grande rapidité dans les transports et plus d'exactitude dans l'arrivée et la livraison des produits transportés ;

« De poursuivre l'amélioration des conditions de vente sur les marchés français et étrangers et rechercher des débouchés nouveaux et avantageux pour nos produits ;

« D'étudier et organiser à Hyères et dans les centres régionaux des marchés pour tous les produits du sol, et créer une Bourse de ces mêmes produits ;... »

(Statuts du *Syndicat de défense agricole* et *horticole de la région d'Hyères*.)

Les Unions de Syndicats. — La loi de 1884 a prévu le groupement des Syndicats agricoles sous le nom d'*Unions*. Ces groupements peuvent donner plus de force et d'autorité aux Syndicats, faciliter des achats, des ventes par quantités considérables, etc., etc.

Il existe, en France, à l'heure actuelle, 11 Unions comptant 650 Syndicats affiliés.

A la différence des Syndicats qui peuvent posséder, acquérir, etc., etc., les Unions ne possèdent pas ce qu'on appelle la *Personnalité civile.*

CHAPITRE IV

Crédit agricole. — Sociétés de crédit agricole

Les agriculteurs peuvent être divisés en deux catégories : 1° Les agriculteurs qui sont en même temps *propriétaires* ; 2° Les agriculteurs qui sont simplement locataires à titre de fermiers ou de métayers. A ces deux catégories correspondent deux formes de crédit. Les agriculteurs *propriétaires* peuvent emprunter en donnant comme gage leur domaine ou leurs champs.

Ce crédit est, en réalité, le crédit *hypothécaire*, ainsi nommé parce que le prêteur prend hypothèque sur la propriété de l'emprunteur et peut la faire vendre quand il n'est pas remboursé à l'échéance.

Il est clair que les agriculteurs non-propriétaires qui sont simplement fermiers ou métayers ne peuvent pas recourir au crédit hypothécaire.

Ils ne peuvent emprunter qu'en donnant comme garantie ou *gage* leurs récoltes. C'est ce qu'a prévu la loi récente de 1898 sur les *warrants* agricoles. — Enfin, ils peuvent recourir au crédit sur simple signature en fournissant uniquement comme garantie leur solvabilité générale, leur honorabilité reconnue. — Les opérations de crédit de ce genre, sans constitution d'un gage ou sans hypothèque sont appelées des opérations de *crédit personnel*, par opposition aux opérations de crédit hypothécaire ou de warrantage agricole que l'on désigne sous le nom de crédit *réel*.

Il est clair que les agriculteurs propriétaires peuvent également avoir recours soit au warrantage de leurs produits, soit aux opérations de crédit personnel.

Le crédit hypothécaire est une troisième ressource qui leur est réservée.

Crédit hypothécaire. — L'emprunt hypothécaire doit être fait avec prudence, lorsque l'agriculteur est bien certain qu'il pourra rembourser à l'échéance et qu'il fera un usage lucratif de la somme empruntée. — Tout agriculteur qui emprunte pour vivre dans l'aisance pendant quelques années, sans souci de l'avenir, est voué à la ruine. Il en est tout autrement s'il a recours à l'emprunt hypothécaire pour faire construire un bâtiment utile, irriguer une terre dont la valeur et la productivité augmenteront ainsi considérablement, etc., etc. L'emprunt hypothécaire est avantageux ou ruineux selon l'usage que l'on fait de l'argent emprunté.

Il en est de même, d'ailleurs, de tout autre emprunt. D'un autre côté, le crédit permet de réaliser immédiatement un travail ou une amélioration foncière avantageuse. L'essentiel est de ne pas grever son budget d'une somme trop forte comme intérêt et d'emprunter quand on se croit sûr de faire une bonne opération.

Le warrantage agricole. — La loi du 18 juillet 1898 a modifié profondément les règles de notre droit en permettant aux agriculteurs de donner en gages certains produits de leurs exploitations, et cela sans déposer ces produits soit dans un magasin général, soit chez le créancier lui-même ou chez une tierce personne désignée par les deux parties — prêteur et emprunteur.

Voici le texte de l'article 1er de la loi de 1898 : « Tout agriculteur peut emprunter sur les produits agricoles ou industriels provenant de son exploitation et énumérés ci-dessous, et en *conservant* la garde de ceux-ci dans les bâtiments ou sur les terres de cette exploitation.

« Les produits sur lesquels un warrant peut être créé sont les suivants : \

« Céréales en gerbes ou battues; fourrages secs, plantes officinales séchées; légumes secs, fruits séchés et fécules; matières textiles, animales ou végétales; graines oléagineuses; graines à ensemencer; vins; cidres; eau-de-vie et alcools; cocons; bois exploités, résines et écorces à tan; fromages, miels et cires; huiles végétales, sel marin.

« Le produit warranté reste, jusqu'au remboursement des sommes avancées, le *gage* du porteur du warrant. Le cultivateur est responsable de la marchandise qui reste confiée à ses soins et à sa garde, et cela sans indemnité.

C'est le greffier de la justice de paix du canton qui délivre le *warrant*. On désigne ainsi une pièce détachée d'un registre à souche et sur laquelle le greffier a inscrit la nature, quantité et valeur des produits donnés au gage. — A l'aide du warrant, le cultivateur peut emprunter en remettant son warrant au prêteur. A défaut de paiement à échéance, ce dernier peut faire vendre les produits donnés en gage.

Tout le monde sait que les propriétaires possèdent, eux aussi, un privilège sur « tout ce qui garnit les lieux loués » pour assurer le paiement des loyers, fermages, etc. La personne qui prête sur warrant pourrait se trouver en conflit avec le propriétaire. On évite, ou tout au moins on a cherché à éviter cet inconvénient en exigeant qu'avant d'emprunter, le fermier ou métayer prévienne son propriétaire. Si celui-ci ne s'oppose pas au warrantage dans le délai de douze jours, il perd son recours pour les sommes qui lui étaient dues.

Le warrantage peut rendre des services, mais il ne faut pas le pratiquer à la légère. Le cultivateur n'emprunte sur gage que pour ne pas *vendre*; il espère, dans ce cas, pouvoir réaliser à de plus hauts prix, et, en *attendant*, il se procure l'argent dont il a besoin. Reste à savoir, précisément, s'il vendra plus tard à un prix plus élevé ! En cas de baisse il aura perdu l'intérêt des sommes empruntées, et sera néanmoins forcé de vendre tôt ou tard.

Les sociétés de crédit personnel agricole. — Lorsque les agriculteurs ne sont pas propriétaires, il est clair qu'ils ne peuvent pas emprunter sur hypothèque ; d'autre part, s'ils ne veulent pas recourir au *warrantage*, ils n'ont pas de gage à offrir aux prêteurs.

Tout crédit ne leur est pas cependant refusé, mais alors ce crédit ne repose plus sur une garantie réelle, sur une idée de gage. Il s'agit alors d'un prêt fait à la *personne* en raison de sa solvabilité générale, de son honorabilité, de son activité, etc., etc. — Ce crédit fait à la personne est qualifié de *crédit personnel.*

On peut emprunter ainsi à toute personne qui a confiance dans l'emprunteur, mais, pour faciliter ces opérations, on a eu l'idée de grouper les cultivateurs en associations et de fonder notamment des *caisses de crédit rural.* Nous ne parlerons que des caisses ou sociétés *mutuelles* de crédit prévues par la loi du 5 novembre 1894, et surtout des associations *syndicales* de crédit.

La *formation* d'une caisse de crédit agricole est très simple. On groupe un certain nombre d'adhérents pour leur expliquer le rôle et les avantages de l'association, on rédige des statuts, et on les soumet à une première *Assemblée générale* qui les approuve et, en outre, nomme un Conseil d'administration. Le quart des parts souscrites est ensuite versé. Le président dépose les statuts et la liste des associés au greffe de la justice de paix et il lui est donné un récépissé. — Dès lors, la société est constituée régulièrement.

Ainsi, quatre formalités préliminaires :

1° Rédaction d'un projet de statuts ;

2° Approbation par une Assemblée générale et nomination du Conseil d'administration ;

3° Versement du quart des parts souscrites ;

4° Dépôt des statuts en double expédition sur *papier libre* et de la liste des associés, au greffe de la justice de paix.

La loi de 1894 décide que les membres des syndicats peuvent seuls (art. 1er) créer une société de crédit mutuel et *faire ensuite des opérations avec cette caisse.* Il y a donc lieu de se servir d'un Syndicat déjà existant ou de le créer. (Voir notre chapitre sur les Syndicats, page 55.)

Fonctionnement. — La Société a comme ressources les parts souscrites, et, en particulier, *le premier quart versé.*

Pour augmenter ces ressources on crée une sorte de *capital de garantie.* Celui-ci est représenté par des déclarations de garantie signées des associés. Ceux-ci indiquent qu'ils sont décidés, par exemple, à emprunter 500 francs quand ils en auront besoin.

Le Conseil d'administration examine cette demande et, s'il accepte, il exige, en revanche, que le futur emprunteur réponde d'une somme de 500 francs, pour cautionner les avances faites à d'autres associés.

Chaque associé s'assure un crédit et le garantit en même temps à ses coassociés. C'est bien de la mutualité. — Grâce à ce capital de garantie représenté par des engagements, le Conseil d'administration peut *créer du papier*.

Quand un associé demande à emprunter, on lui remet un effet à 90 jours qui est *escompté*, c'est-à-dire transformé en argent immédiatement par une banque.

Le chiffre des opérations de la caisse dépasse ainsi, dans une forte mesure, le montant des parts souscrites et versées. La caisse vit de crédit, et ce crédit est *mutuel*, car, si un emprunteur ne rembourse pas, on peut faire appel à la *garantie* promise par tous les autres associés.

L'expérience a d'ailleurs *prouvé* que les emprunts étaient presque toujours remboursés exactement.

Voici un modèle de statuts d'une caisse locale de crédit mutuel.

Modèle de Statuts d'une Association Communale de Crédit mutuel agricole

TITRE Ier. — BUT, SIÈGE ET DURÉE DE L'ASSOCIATION

ART 1er. — Entre les soussignés et ceux qui adhéreront aux présents statuts par la souscription de parts ci-après créées, il est formé une Association professionnelle syndicale de crédit mutuel agricole placée sous le régime des lois du 21 mars 1884 et du 5 novembre 1894.

ART. 2. — L'association a pour but de faire bénéficier chacun de ses membres de l'action et du crédit collectifs de l'ensemble des associés, dans la limite des dispositions des deux lois précitées, notamment en conformité des articles 1", 2 et 3 de la loi du 5 novembre 1894.

ART. 3. — L'association a pour titre : *Association syndicale de crédit mutuel agricole de la commune de...*, où son siège est établi.

ART. 4. — La durée de l'Association est de quarante-neuf ans. Elle pourra être prorogée par l'assemblée générale des associés.

TITRE II. — COMPOSITION

ART. 5. — Peuvent faire partie de l'Association : 1° toutes personnes des deux sexes faisant valoir par elles-mêmes ou par autrui des propriétés sises dans la commune de... ou dans les communes limitrophes de... ; 2° les métayers, les fermiers et en général tous les travailleurs qui sont employés à un titre quelconque à l'exploitation desdites propriétés ; 3° les artisans et ouvriers de professions connexes à celles d'agriculteur et de viticulteur, domiciliés dans lesdites communes.

ART. 6. — L'Association est composée des membres ayant donné leur adhésion aux présents statuts par leur signature sur la liste ci-annexée et par le versement du quart des parts par eux souscrites. Dans la suite, pour entrer dans l'Association, on devra souscrire une ou plusieurs parts, comme les associés de la première heure, après avoir été présenté par deux membres du conseil d'administration, qui votera l'admission ou le refus d'admission à la simple majorité des voix.

ART. 7. — Tout associé a le droit de se retirer à tout instant de l'Association, mais en faisant abandon des versements opérés sur les parts par lui souscrites. Il donne avis de sa démission au président du Conseil d'administration, qui lui en accuse simplement réception.

ART. 8. — Sera considéré comme démissionnaire tout associé qui se laissera poursuivre pour les versements appelés par le Conseil d'administration ou pour des sommes dues à d'autres titres.

ART. 9. — Les démissionnaires ne peuvent laisser pour compte à l'Association aucune marchandise déjà commandée, ni lui enlever une quantité quelconque d'un produit pour lequel un marché a été conclu. Dans ces deux cas, la démission n'est définitive qu'après la solution de l'affaire et le règlement de toutes les sommes dues par le sociétaire.

TITRE III. — ADMINISTRATION

ART. 10. — L'Association est administrée par un conseil d'administration composé de sept membres au moins, qui nomment entre eux leur président, leur vice-président, le secrétaire et le trésorier qui a la garde de la caisse. Les membres du conseil sont élus pour trois ans, en assemblée générale, au scrutin secret. Tous les membres sortants sont rééligibles. Le président du conseil, pendant toute la durée de sa fonction, est le représentant autorisé de l'Asso-

ciation dans tous ses rapports extérieurs. Il exécute
et fait exécuter les décisions du Conseil et veille avec
lui à la stricte observation des statuts et des règlements.

ART. 11. — Le Conseil d'administration dirige et
administre les intérêts de l'Association. Il statue sur
les demandes de crédit des associés, accepte ou refuse
à l'escompte leurs billets à ordre, consent ou rejette
les prêts qui lui sont demandés, les offres de dépôts
temporaires ou à longue échéance et en fixe la rému-
nération. Il este en justice contre les débiteurs, les
fournisseurs et les acquéreurs aux nom, frais et ris-
ques de l'Association. Il a en un mot et exerce les
pouvoirs les plus étendus pour toutes les œuvres de
solidarité syndicale et pour toutes les opérations de
crédit mutuel agricole de l'ensemble des membres de
l'Association.

Les membres du Conseil d'administration ne contractent, en raison de leur gestion, aucune obligation personnelle ni solidaire relativement aux engagements de l'Association. Ils ne répondent que de
l'exécution propre de leur mandat. Leurs fonctions
sont gratuites, mais ils peuvent nommer un secrétaire adjoint et lui attribuer des émoluments. Le
trésorier est responsable, bien entendu, des fonds
qui lui sont confiés et des erreurs de caisse par lui
commises.

ART. 12. — Chacun des membres du Conseil d'administration doit être souscripteur d'au moins cinq
parts et avoir opéré les versements appelés.

ART. 13. — Il est nommé en assemblée générale

une Commission de surveillance de trois membres qui exerce incessamment son contrôle sur toutes les opérations du Conseil et en fait rapport annuel à l'assemblée générale. Dans le cas particulier où un membre du Conseil a recours au crédit de l'Association, sa demande est soumise à la commission de surveillance, qui l'admet ou la rejette sans motiver son avis.

TITRE IV. — Fonds social

ART. 14. — Le fonds de l'Association se compose de 600 parts de 20 francs présentement souscrites, dont le versement du premier quart a été fait entre les mains du trésorier. Le versement des autres trois quarts sera appelé quand le Conseil d'administration le jugera utile.

Il pourra être créé de nouvelles parts s'il se présente et s'il est admis de nouveaux souscripteurs.

Un fonds de réserve sera constitué à l'aide du droit de prélèvement effectué sur toutes les opérations de vente et d'achat, 2 o/o, et d'escompte faites par l'Association.

Le prélèvement sur les opérations d'escompte est de o franc 25 o/o pour effets à trois mois, o fr. 50 o/o pour effets à six mois, et au-dessus 1 o/o.

ART. 15. — Lorsque le fonds de réserve atteindra une somme double du fonds social réalisé par les versements de tout ou partie des parts, l'excédent pourra être réparti entre les membres de l'Association proportionnellement au nombre de parts dont ils seront titulaires. N'auront aucun droit à ce partage les membres démissionnaires. Y seront admis les ayants droit des associés décédés, mais ils ne pourront provoquer aucun partage anticipé, ni plus rien revendiquer après cette première répartition.

Art. 16. — Les parts sont nominatives et cessibles, à condition pour le cessionnaire d'être agréé par le Conseil d'administration.

Art. 17. — La responsabilité des associés dans les opérations et obligations de l'Association est limitée au montant total des parts qu'ils ont souscrites et de la garantie personnelle qu'ils ont pu consentir.

TITRE V. — Dispositions générales

Art. 18. — L'assemblée générale des membres de l'Association se tient régulièrement chaque année le premier dimanche de décembre. Toute proposition faite à l'assemblée générale doit avoir été préalablement soumise au Conseil d'administration, qui la met à l'ordre du jour.

Art. 19. — Tout membre de l'Association a le droit de s'enquérir au siège social, aux jours et heures qui sont indiqués par le Conseil, de la marche des opérations de l'Association.

Art. 20. — En cas de dissolution, pour quelque cause que ce soit, l'avoir social sera partagé dans les conditions de l'article 15 ci-dessus.

Art. 21. — La dissolution et le partage ne peuvent être prononcés qu'en assemblée générale, spécialement convoquée à cet effet par le Conseil et comprenant les trois quarts au moins des membres associés.

ART. 22. — Aucune modification ne pourra être portée aux présents statuts que par l'assemblée générale réunie spécialement à cet effet. Tout ce qui n'a pu être prévu, réglé, détaillé, fera l'objet de discussions complémentaires sous forme de règlement administratif dont l'élaboration est confiée au Conseil d'administration.

Fait en assemblée générale constitutive, à...
le...

Caisses régionales de crédit. — Indépendamment des caisses *locales,* on peut créer des caisses *régionales.* (Loi du 31 mars 1899.) Ces caisses peuvent recevoir des subventions très importantes de l'Etat, et prêter des fonds aux caisses locales ; elles escomptent le papier de ces dernières, et aident à leur création. On ne saurait donc trop encourager le développement ou recommander la fondation des caisses régionales dont les opérations s'étendent à un ou plusieurs départements.

CHAPITRE V

Comptabilité agricole

Utilité de la comptabilité agricole

Rien ne peut être plus utile pour un agriculteur que la connaissance exacte des dépenses et des recettes de son exploitation. Cette constatation permet seule d'évaluer les bénéfices ou les pertes et d'en trouver les causes. Il est également indispensable d'enregistrer avec fidélité les entrées et les sorties des denrées qui ne sont point achetées ou vendues, mais qui représentent des aliments pour le bétail, des engrais, des semences, etc., etc. Ces mouvements de marchandises doivent être connus du cultivateur pour éviter le gaspillage, les vols ou les pertes.

On ne saurait donc insister avec trop de force sur l'utilité de la comptabilité agricole.

Division de la comptabilité agricole

Une exploitation agricole étant une véritable fabrique de denrées d'origine végétale et animale, il est clair que l'agriculteur achète et vend. Ses achats portent sur des aliments pour le bétail, comme le son, les tourteaux, les résidus industriels de brasserie ou de sucrerie, sur les instruments de toute sorte, sur le bétail, sur les harnais, le mobilier d'étable, de laiterie, etc. Le cultivateur dépense, en outre, des sommes plus ou moins importantes pour payer les gages et la nourriture de ses ouvriers ou domestiques, pour acquitter le prix de location de son domaine, les impôts dont il est chargé, et pour assurer son entretien en même temps que celui de sa famille.

Enfin, certaines dépenses constituent une véritable épargne, lorsque l'agriculteur accroît par des améliorations la productivité et la valeur de son domaine.

Les ventes portent sur les récoltes qui ne sont pas consommées par les animaux; sur les produits du bétail, c'est-à-dire sur les animaux, sur le lait, le beurre, les fromages, etc., etc.

Les ventes et les achats impliquent des mouvements d'espèces qui peuvent être constatés d'une façon précise. Il est essentiel d'enregistrer ces faits avec exactitude et en même temps avec la plus grande simplicité. Cette première comptabilité est la *comptabilité-espèces*.

Indépendamment des ventes et des achats, il existe des déplacements et des transformations opérés à l'intérieur de l'exploitation sans mouvement d'espèces, c'est-à-dire sans donner lieu à des achats ou à des ventes. Ainsi, les fourrages récoltés sont portés au grenier à fourrages ou mis en meules, puis donnés aux animaux ; les gerbes des céréales sont battues et fournissent du grain et de la paille.

Ces grains, comme ceux de l'avoine, servent à la nourriture des chevaux. L'orge et le maïs sont employés pour constituer une partie de la ration du bétail. Les engrais de ferme sont portés sur les champs, etc., etc.

Il est nécessaire de connaître ces faits intérieurs, ces mouvements de denrées, de savoir à tout moment quelles sont les denrées en magasin, quel est leur poids ou leur nombre, de noter leur origine et leur emploi.

Cette comptabilité est la *comptabilité-matières*, qui ne suppose pas d'évaluation arbitraire et dangereuse en francs et centimes.

Pour savoir, à la fin de chaque année, quelle est sa fortune et quelle forme elle a prise, un cultivateur doit dresser un état de ce qu'il possède. L'examen de ces états, dressés à des intervalles égaux, lui apprendra s'il a gagné ou perdu. Ces états ou évaluations périodiques de l'avoir du cultivateur, constituent des *inventaires*.

Une comptabilité agricole complète, claire et régulière suppose donc la tenue de trois registres se rapportant :

1° *A la comptabilité-espèces;*
2° *A la comptabilité-matières ;*
3° *Aux inventaires.*

A. Comptabilité-espèces. — Le registre destiné à constater les dépenses et les achats porte le nom de *livre de caisse.* — Chaque jour le cultivateur doit noter sur ce livre les sommes qu'il reçoit et celles qu'il donne. Pour rendre plus claires ces notes rapides, il faut indiquer en quelques mots l'origine de la recette et le but de la dépense. Ainsi, on écrira : 1" mai 1896, reçu 60 francs pour prix d'un veau livré à Durand, boucher.

Ou bien, 1" mai 1896, payé à Legrand 150 francs pour achat de graines de betterave.

Quant à la disposition même du registre, elle peut être celle que nous indiquons ci-contre.

Le livre de caisse étant ouvert, la page de gauche est consacrée à l'inscription des *recettes,* celle de droite aux *dépenses.*

Il est bon de distinguer immédiatement les principaux chapitres de recettes et de dépenses. Cette division facilite ultérieurement l'étude de la comptabilité et le commentaire définitif que nous appelons: *Compte moral.* A cet effet, nous conseillons d'établir trois colonnes de recettes et cinq colonnes de dépenses.

D'autre part, il est bon de rappeler en quelques mots soit l'origine de la recette, soit la destination de la dépense.

Chaque soir, le cultivateur pourra, en quelques minutes, tenir à jour un livre de caisse aussi simple;

au besoin, il recopiera les notes prises durant la journée sur un calepin. De son côté, la femme du cultivateur tiendra un registre de ce genre pour la basse-cour ou pour la laiterie, si elle a la direction de ces deux services.

A la fin de chaque semaine, ou de chaque mois, il suffira d'additionner : 1° les dépenses ; 2° les recettes, pour constater l'excédent des unes sur les autres.

Supposons, par exemple, que, pendant le mois de mai 1896, les dépenses se soient élevées à 1.879 francs et les recettes à 2.275 francs ; la différence, 2.275 — 1.879 = 396 devra se trouver dans la caisse du cultivateur.

Toute erreur, toute omission peut être ainsi révélée immédiatement par l'examen du livre de caisse et de la caisse elle-même. Cette vérification porte un nom significatif ; on dit que le comptable qui l'opère « fait sa caisse ».

Lorsque l'année est finie, la même méthode permet de constater le résultat financier des opérations culturales et la situation du cultivateur. Toutefois, un excédent de dépenses ne signifie nullement que l'entreprise est en perte, de même qu'un excédent de recettes ne prouve pas qu'elle est lucrative. Dans le premier cas, il suffit que l'agriculteur ait fait des acquisitions de bétail, des achats de denrées destinées à leur alimentation, opéré des améliorations durables, pour que les dépenses dépassent les recettes.

Inversement, la vente d'une partie du bétail, celle

des instruments aratoires hors d'usage, ou dont l'emploi est devenu inutile, etc., etc., accroissent les recettes et constituent un excédent sans que l'entreprise agricole puisse être considérée comme prospère.

Nous montrerons bientôt comment il convient d'apprécier et d'établir la situation du cultivateur, à l'aide : 1° *de l'inventaire;* 2° *du compte moral,* qui est le commentaire nécessaire de la comptabilité dans son ensemble.

Ajoutons que la basse-cour étant ordinairement dirigée par la femme du cultivateur, il sera bon que cette dernière tienne à jour un livre de caisse spécial pour relever soit les dépenses, soit les recettes relatives à cette branche de la production.

Il en est de même pour la laiterie, ainsi que nous l'avons déjà dit plus haut.

B. Comptabilité-matières. — Dans les petites exploitations rurales, où le cultivateur exécute presque tous les travaux agricoles avec l'aide de sa famille ou de quelques auxiliaires, la comptabilité-matières a moins d'utilité que dans les grandes fermes. Dans le premier cas, en effet, le chef de culture n'a point à redouter des gaspillages ou des vols. Il préside lui-même à la rentrée des récoltes, à la nourriture des animaux, au battage des céréales, à l'épandage des engrais, etc.

Sa présence continuelle supplée à la tenue d'un registre.

Il en est autrement dans les grandes exploitations où le cultivateur est obligé de s'en remettre à des serviteurs du soin de distribuer la nourriture aux animaux, de faire les semailles, de transporter les denrées vendues, de répandre les engrais, etc.

Le chef d'une exploitation quelque peu étendue doit tenir un registre spécial indiquant les entrées et les sorties dans les magasins, greniers, granges, fosses à fumier, etc., etc. A plus forte raison, ce registre devra-t-il être tenu à jour avec le plus grand soin, si l'on se livre à des préparations industrielles, comme la fabrication des fromages, à la vente des fourrages, à celle des graines de semence, etc., etc.

Un registre de magasin peut être disposé de la façon suivante ; nous prenons comme exemple les

COMPTABILITÉ-MATIÈRES

Céréales en magasin ou en meules

ANNÉE 1899.

DATES	ORIGINE et DESTINATION	GERBES				GRAINS				PAILLES			
		BLÉ		AVOINE		BLÉ		AVOINE		BLÉ		AVOINE	
		Entrée	Sortie	Entrée	Sortie	Entrée	Sortie	Entrée	Sortie	Entrée	Sortie	Entrée	Sortie

DISPOSITION D'UN

Côté gauche du registre ouvert. — Recettes

ANNÉE 1899　　RECETTES

MOIS	DATE	ORIGINE des RECETTES	TOTAL	RECETTES PROVENANT		
				du Bétail	de la Culture	de Divers
Mai	1	En caisse ce jour.	275 60	»	»	»
»	6	Reçu de Benoît, vente d'une génisse..........	220 »	220 »	»	»
»	11	Reçu de Durand, meunier, vente de 20 hectolitres de blé..........	280 »	»	280 »	»
»	14	Reçu de Legrand, vente d'un vieux tombereau......	150 »	»	»	150 »
»	17	Reçu de Simon, vente de 2,000 kilos d'avoine..	300 »	»	300 »	»
»	31	Reçu de Benoît, vente d'une paire de bœufs....	1.050 »	1.050 »	»	»
			2.275 60	1.270 »	580 »	150 »

LIVRE DE CAISSE

Côté droit du registre ouvert. *Dépenses*

DÉPENSES

MOIS	DATE	DESTINATION des DÉPENSES	TOTAL	DÉPENSES SE RAPPORTANT A				
				Gages et salaires	Assurances Bâtiments Mobilier	Bétail	Engrais et semences	Divers
Mai	2	Fermage dû à Laurent, propriétaire	575 »	»	»	»	»	575 »
»	8	Achat de 2 veaux à Bertrand ...	120 »	»	»	120 »	»	»
»	17	Salaires pour façons aux betteraves.......	270 »	270 »	»	»	»	»
»	21	A Carbon, pour nitrate de soude	590 »	»	»	»	590 »	»
»	27	Gages dus à Lamblin, charretier	200 »	200 »	»	»	»	»
»	31	Primes d'assurances contre l'incendie et la grèle........	124 »	»	124 »	»	»	»
			1.879 »	470 »	124 »	120 »	590 »	575 »

Fourrages.

Année 1899.

DATES	ORIGINE ET EMPLOI	LUZER ET TRÈPLE				FOIN DE PRÉS		BETTERAVES fourragères	
		Entrée	Sortie	Entrée	Sortie	Entrée	Sortie	Entrée	Sortie
		Bottes.	Bottes.	Bottes.	Bottes.	Bottes.	Bottes.	Quint.	Quint.
	Champ Martin...	5000	»	»	»	»	»	»	»
	Le grand pré....	»	»	»	»	6000	»	»	»
Déc.	La remise........	»	»	»	»	»	»	800	»
4	Bouverie........	»	200	»	»	»	300	»	80
11	Vacherie........	»	100	»	»	»	100	»	40
	Totaux........	5000	300	»	»	6000	400	800	120
	Reste en magasin	»	4700	»	»	»	5600	»	680

registres relatifs : 1° aux céréales ; 2° aux fourrages et racines.

Examinons, par exemple, le registre relatif aux fourrages. La première colonne se rapporte à la date des entrées ou des sorties du magasin ; la seconde à l'origine des fourrages provenant de telle ou telle pièce de terre et à la destination des denrées données à la bouverie, à la vacherie, etc., etc. Les colonnes intitulées *luzerne, trèfle, foin, betteraves,* sont divisées en deux autres colonnes ; l'une est réservée aux entrées, la seconde aux sorties.

Au commencement de chaque mois, on indique

par un report ce qui reste en magasin. Puis, chaque jour ou chaque semaine, on inscrit en bloc le nombre de bottes ou de quintaux donnés aux animaux ou portés au marché. Il suffit à n'importe quel moment de faire le total : 1° des entrées ou des restes en magasin; 2° des sorties, pour savoir ce que l'on doit trouver dans le grenier à fourrages ou dans le silo à betteraves. Le cultivateur peut même procéder à une vérification s'il le juge utile, de façon à prévenir le gaspillage ou les vols. Le domestique ou l'employé préposé aux magasins est responsable de ce qu'il a reçu.

Les mêmes dispositions prises pour les céréales, les grains, les farines, les engrais, assurent la parfaite régularité des comptes-matières relatifs à toutes les denrées qui ne sont pas l'objet d'une vente.

Enfin, si des grains, des fourrages, des pailles, sortent des greniers ou magasins pour être vendus, mention est faite de la destination de ces marchandises sur le registre des comptes-matières.

Il suffit, pour cela, de noter dans la colonne *origine et destination* : « Pour la vente à X... », et d'inscrire ces chiffres dans la colonne *sortie*.

Le produit de la vente sera porté au livre de caisse.

Inversement, s'il s'agit d'achat, on inscrira le nombre de bottes ou de quintaux dans la colonne *entrée*, en indiquant que l'*origine* est un achat. Puis le livre de caisse, au titre des dépenses, portera mention de la valeur correspondante.

Cette méthode de comptabilité est très claire, très

simple : elle ne demande au cultivateur qu'un travail
de quelques minutes par jour, et elle lui permet
d'exercer sur les mouvements de denrées un contrôle
aussi facile qu'efficace.

C. *De l'inventaire*. — Tout cultivateur possède,
pour mettre en valeur le domaine qu'il exploite, un
capital d'exploitation représenté par des objets mobi-
liers, des animaux de trait ou de rente, des instruments et une certaine somme d'argent qui servira à
payer le fermage, les salaires, les impôts etc., etc.
Suivant la nature de l'exploitation et le système de
culture adopté, le capital de l'agriculteur prend les
formes diverses, et les éléments qui le constituent ont
une importance relative différente. En tout cas, il est
indispensable de savoir s'il augmente ou s'il diminue. S'il augmente, la fortune de l'agriculteur s'accroît; elle diminue, au contraire, si le capital de culture diminue lui-même.

Pour observer ces variations et se rendre compte
en même temps des formes que prend le capital d'exploitation, on ne saurait se dispenser de comparer la
valeur de ce capital et de ses éléments à deux époques
différentes. Chaque année, par exemple, et à la même
date, on dressera un état descriptif et estimatif du
capital d'exploitation. La comparaison de ces états,
appelés *inventaires*, permettra de constater les variations ou les différences de constitution dont nous
venons de parler. Les divisions de l'*inventaire* seront
les suivantes :

1° Mobilier de ménage;
2° Mobilier de ferme;

3° Bétail de *trait*;

4° Bétail de *rente*;

5° Denrées en magasin (destinées à la vente);

6° Denrées de consommation du personnel et provisions de ménage;

7° Argent en caisse et créances à recouvrer;

8° Avances aux cultures.

On choisira de préférence, pour faire l'inventaire, le moment où les récoltes principales ont été faites et vendues. De cette façon, on n'aura pas à *estimer* des denrées en magasin ou des récoltes sur pied. Les causes d'erreur seront donc moins nombreuses. Le 31 décembre est une date tout indiquée.

Les règles d'évaluations peuvent être ainsi résumées : en principe, on évitera toute estimation excessive. Il est préférable d'évaluer un peu trop modestement, de façon à ne pas se faire d'illusion sur le chiffre de sa fortune. Les objets ayant déjà servi quelque temps seront comptés à un prix d'autant plus bas que la durée de leur usage aura été plus longue. Il faut ainsi arriver à amortir la valeur des charrues, herses, rouleaux, batteuses, etc., etc., parce que, effectivement, ce matériel, s'il devait être vendu, ne pourrait atteindre qu'un prix d'autant plus bas que l'usure aurait été plus grande. La même observation s'applique au mobilier de ménage, d'étable, d'écurie, de laiterie, aux outils, etc., etc.

Quant au bétail, on procédera à des évaluations *individuelles* lorsqu'il s'agira d'animaux de prix comme les reproducteurs, vaches, béliers, taureaux, étalons. Dans tous les autres cas, on évaluera par

groupe, et avec une extrême modération, en tenant
compte, s'il y a lieu, de la dépréciation que subissent
les animaux qui ont dépassé l'âge adulte. Ainsi les
chevaux de trait, qui sont âgés de plus de 5 à 6 ans,
doivent être comptés à un prix d'autant plus bas que
leur âge est plus avancé.

Quant aux avances aux cultures, elles représentent les sommes dépensées au moment de l'inventaire, pour préparer les récoltes de l'année suivante.
Les dépenses correspondantes visent les semences
employées et les engrais *industriels* répandus.

Le fumier de ferme ne doit jamais erre compté
dans l'actif du cultivateur évalué en argent. Le fumier
est un immeuble par destination; il appartient au
propriétaire, et le cultivateur-locataire doit le laisser
à sa sortie, sauf convention contraire. Dans la plupart des cas également, les pailles et les fourrages
doivent être consommés sur place. L'agriculteur n'est
pas autorisé à les vendre. Ces denrées sont des
moyens de production et non des produits dont la
valeur vient grossir la fortune disponible du cultivateur.

Ce dernier devra en connaître la quantité et s'ef-
forcer de l'accroître. Il aurait tort de considérer les
fumiers, les pailles et les fourrages comme des
éléments de son capital d'exploitation.

L'augmentation du cheptel de fourrages pendant
la durée d'un bail a, d'ailleurs, comme conséquence
l'accroissement du nombre des animaux entretenus
sur le domaine. L'augmentation de la valeur du bétail
sera donc révélée par l'inventaire.

Ce que nous venons de dire à propos des pailles et fourrages cesse d'être vrai lorsqu'une clause spéciale des baux autorise les agriculteurs à en disposer. Il en est ainsi dans les environs des grandes villes, lorsque les cultivateurs vendent habituellement pailles et foins et *achètent* en retour des fumiers.

L'évaluation de l'argent en caisse n'est qu'une opération arithmétique; les créances à recouvrer seront appréciées à leur valeur.

Enfin le total de l'actif du cultivateur, actif constaté par l'inventaire annuel, doit être diminué des dettes, c'est-à-dire des achats non réglés, telles que les acquisitions d'engrais chimiques, d'instruments, etc., etc.

Nous avons supposé jusqu'ici que le cultivateur était locataire. S'il s'agissait d'un propriétaire cultivant sa terre, les observations précédentes auraient encore leur application. — Il serait même indispensable de ne pas confondre l'inventaire du propriétaire et celui du cultivateur.

D. Du compte moral. — Le compte moral n'est pas autre chose que le commentaire des résultats financiers de l'exploitation agricole. — Il a pour base: 1° l'inventaire; 2° le livre de caisse.

La comparaison de deux inventaires indique immédiatement l'augmentation de la fortune du cultivateur, son état stationnaire ou sa diminution. — Mais ces situations peuvent être dues à des causes bien différentes. Ainsi la diminution du capital d'exploitation résulte soit d'une mauvaise récolte, soit d'une épizootie, soit de frais de main-d'œuvre excessifs, soit des dépenses exagérées du cultivateur lui-même, dépenses relatives à son entretien et à celui de sa famille.

Le profit net de l'entreprise agricole doit, tout d'abord, être exactement calculé. La différence entre le montant des dépenses et des recettes totales ne donne pas une idée juste de l'importance du profit ou de la perte. — Il faut tenir compte en même temps de l'augmentation ou de la diminution du capital de culture. Un cultivateur qui élève ses jeunes animaux durant une année au lieu de les vendre diminue ses recettes, mais augmente son capital de culture. Inversement, l'agriculteur qui vend son troupeau de moutons sans le remplacer et qui porte ses fourrages au marché augmente ses recettes, mais diminue son capital-bétail. — Le profit net d'un compte annuel est donc égal à l'excédent des recettes sur les dépenses, excédent diminué ou augmenté de la réduction ou de l'accroissement de valeur du capital de culture.

Si les dépenses étaient supérieures aux recettes, cette différence devrait également être diminuée ou augmentée de l'accroissement ou de la réduction du capital d'exploitation.

Ainsi, supposons que l'excédent des recettes sur les dépenses s'élève durant une année à 10.000 francs. — Si, d'autre part, le capital d'exploitation s'est accru de 5.000 francs pendant la même année, le bénéfice véritable est égal à 10.000 + 5.000 = 15.000. — Au contraire, si le capital d'exploitation avait diminué de 5.000 francs, le bénéfice net ne serait plus que de 10.000 — 5.000 = 5.000 francs.

Cet exemple suffit à montrer de quelle façon il

faut combiner les indications du livre de caisse qui fournit le chiffre des recettes et dépenses, avec celles de l'inventaire qui révèle les variations de valeur du capital d'exploitation.

Supposons maintenant que l'exploitation d'un domaine agricole ait donné un profit. Il est très intéressant de savoir quelle a été l'*origine* et l'*emploi* de ce profit. — Le cultivateur trouvera dans son livre de caisse et dans ses registres de magasin les données servant à établir *approximativement* les bénéfices de telle ou telle branche de production. Il faudra toutefois se prémunir à l'avance contre les évaluations arbitraires à l'aide desquelles on calcule ordinairement les *prix de revient* de telles ou telles productions. En réalité, c'est le montant du profit net total que l'on connaît seul très exactement. Pour savoir s'il est avantageux d'étendre la culture des plantes industrielles, de développer l'élevage ou l'engraissement des animaux, etc., etc., c'est au chiffre moyen annuel des profits qu'il faudra se reporter. Ajoutons immédiatement que le chiffre seul du profit n'a qu'une importance secondaire; il faut surtout comparer le montant du bénéfice net au capital de culture.

Un profit de 10.000 francs obtenu avec un capital d'exploitation de 50.000 francs, est fort différent, en réalité, d'un bénéfice de 10.000 francs réalisé avec un capital de culture égal à 100.000 francs. Dans le premier cas, le taux du profit est de 20 o/o; il s'abaisse à 10 o/o dans la seconde hypothèse. Or il faut viser à obtenir en agriculture le *taux de profit le plus élevé possible*. Ce taux est la véritable pierre de touche, l'indice le plus sûr de l'habileté du cultivateur et de la valeur du système de culture adopté. On croit généralement que l'agriculture à gros capitaux, dite agriculture « intensive », est seule lucrative. C'est là une erreur. — L'agriculture lucrative est celle qui permet d'obtenir le *taux de profit* le plus élevé, et il n'est nullement démontré que le taux de profit augmente toujours lorsque le capital d'exploitation, par hectare, augmente lui-même.

Quant à l'*emploi* du profit, il doit être étudié avec soin. Non seulement le cultivateur doit subsister et élever sa famille, mais il doit encore épargner. Il n'est donc pas indifférent que le profit soit consacré à des dépenses du ménage qui l'absorbent entièrement, ou qu'une partie constitue une augmentation du capital d'exploitation.

Ce sont tous ces renseignements que l'agriculteur puisera dans sa comptabilité. On ne saurait donc insister avec trop de force sur l'utilité de cette dernière.

CHAPITRE VI

___

Enseignement agricole (1)

___

Historique

L'enseignement professionnel de l'agriculture et de ses diverses branches a pris en France depuis quelques années un essor considérable ; aussi croyons-nous utile de mettre sous les yeux du public agricole sa vaste organisation qui échappe encore à beaucoup d'esprits et se trouve ignorée souvent des petits cultivateurs qui cependant pourraient en tirer un réel profit.

___

(1) Ce chapitre a été écrit par M. J. Raynaud, directeur de l'École pratique d'Agriculture de Fontaines.

Le but recherché dans la création et la diffusion de ce genre d'enseignement dans les campagnes est d'un ordre élevé et d'un intérêt général ; il mérite de fixer notre attention. Relever la profession d'agriculteur, ramener les bras à la terre, propager les bonnes méthodes de culture, accroître par tous les moyens que la science nous indique les rendements de nos terres, et en abaisser le prix de revient pour lutter victorieusement contre la concurrence étrangère, n'est-ce pas là un noble but ? — Nous n'hésitons pas à dire et à constater que grâce aux connaissances agricoles, des progrès ont été accomplis en ce sens. L'agriculture française dispose à l'heure actuelle d'un grand nombre d'agriculteurs instruits et de savants qui s'appliquent à la perfectionner. L'esprit scientifique s'infiltre peu à peu jusque dans les fermes ; la jeunesse intelligente et studieuse s'attache davantage à la vie rurale. Lorsque les enfants des campagnes recevront tous une instruction agricole bien appropriée, ils iront moins dans les villes augmenter le nombre toujours trop grand de ces déclassés qui sont des mécontents et constituent un danger constant pour la société.

L'enseignement agricole a enfin sa place bien marquée, et est devenu aussi indiscuté qu'il est indiscutable. Les services qu'il a rendus sont encourageants pour son avenir.

L'enseignement agricole ne s'est réellement propagé que depuis ce siècle, et surtout depuis 1870. Dans les temps passés, l'agriculture était souvent regardée comme le plus vil et le plus ingrat des métiers, de telle sorte que, grâce à la misère et à l'ignorance des classes qui s'y livraient, elle fut longtemps le plus immobile des arts, le plus soumis à la tradition et à la routine. Malgré les écrits de célèbres et brillants esprits, comme Olivier de Serres, Sully, etc., la nécessité de donner à l'artisan du sol une instruction appropriée à son métier n'était pas admise. Certaines personnes encore raisonnent de même, mais elles ne forment plus légion. En 1789, un revirement se fit sentir dans les esprits, et quelques essais furent tentés pour organiser l'enseignement agricole. En 1819, Mathieu de Dombasle, le célèbre agronome, fonda une école sur son domaine de Roville, près Nancy, et, en 1826, l'école de Grignon, si prospère aujourd'hui, prit naissance.

La République de 1848 fonda enfin l'enseignement professionnel de l'agriculture par la fameuse loi du 3 octobre 1848, due en grande partie à l'initiative éclairée de Richard (du Cantal). Les écoles dites *régionales*, et les *fermes-écoles* furent créées, mais modifiées dans la suite jusqu'à l'arrivée de la néfaste guerre de 1870. De suite après 1870, l'organisation de cet enseignement fut l'objet de mesures aussi nombreuses que rapides; celui-ci prit des proportions qui ne firent que s'accroître chaque jour, et à tel point que nous pourrons considérer, à juste titre, l'organisation actuelle comme l'œuvre, en grande partie, de la troisième République.

Enseignement agricole actuel

Dans son rapport paru il y a quelques années sur l'état de l'enseignement agricole en France, en 1893, M. Tisserand, l'éminent et savant Directeur de l'*Agriculture*, montre l'organisation actuelle qui comprend :

1° Un enseignement supérieur donné par l'*Institut national agronomique*. — Il correspond à l'enseignement universitaire des Facultés.

2° Un enseignement du 2° degré comprenant les *Ecoles nationales d'agriculture*, qui correspond aux lycées.

3° Un enseignement du 3° degré représenté par les *Ecoles pratiques d'agriculture*, lesquelles correspondent aux collèges et aux écoles primaires supérieures.

4° Un enseignement du 4° degré constitué par les *Ecoles d'apprentissage*. Ce groupe comprend les *Fermes-Ecoles*, les fruitières-écoles ou fromageries-écoles, les magnaneries-écoles, les écoles de laiterie pour les filles, les écoles d'aviculture et de pisciculture, etc.

5° Un enseignement mixte, celui des *professeurs de chimie agricole dans quelques Facultés*, celui des *professeurs départementaux* d'agriculture et des *professeurs spéciaux* d'enseignement secondaire et primaire, improprement appelés *professeurs d'arrondissement*.

6° Un enseignement par les faits, auquel se rattache le service des champs d'expériences et de démonstration.

7° L'institution des *stations agronomiques*, des laboratoires de chimie agricole, des *laboratoires spéciaux*, appelés à entreprendre les recherches et les études intéressant l'agriculture, et chargés d'éclairer les agriculteurs sur la question des engrais, des semences, de l'outillage agricole, sur la composition des terres des divers départements, sur les falsifications, les maladies des plantes, les insectes nuisibles et sur les moyens de les combattre.

Toutes les branches de l'agriculture ont leurs écoles spéciales. L'organisation actuelle permet à toutes les classes de la population rurale de faire acquérir à leurs enfants une instruction solide professionnelle appropriée à leur état social et à leurs occupations postérieures. Les jeunes gens voulant se vouer à la science ont l'*Institut national agronomique*; la moyenne et la grande culture ont les *Ecoles nationales*; le petit cultivateur ou fermier a l'*Ecole pratique d'agriculture*; l'ouvrier rural a l Ferme-école.

Nous énumérons ci-dessous sous forme de tableaux ou autrement les principaux établissements d'enseignement agricole:

Enseignement supérieur agricole

Institut national agronomique, rue Claude-Bernard, 16, Paris. — Directeur: M. Regnard.

Ecole nationale de Grignon, à Grignon, par Plaisir (Seine-et-Oise). — Directeur : M. Trouard-Riolle.

Ecole nationale de Rennes, à Rennes (Ille-et-Vilaine). — Directeur: M. Séguin.

Ecole nationale de Montpellier, à Montpellier (Hérault). — Directeur: M. Ferrouillat.

Ecole d'agriculture coloniale, à Tunis (Tunisie). — Directeur: M. Lépiney.

Ecole nationale d'Horticulture, à Versailles (Seine-et-Oise). — Directeur: M. Nanot.

Ecole nationale d'Industrie laitière, à Mamirolle (Doubs). — Directeur: M. Martin.

Ecole nationale des Industries agricoles, à Douai (Nord). — Directeur : M. Manteau.

Ecole nationale forestière, à Nancy (Meurthe-et-Moselle). — Directeur : M. Guyot.

Ecoles nationales Vétérinaires, à Alfort (Seine), directeur: M. Trasbot; à Lyon, directeur: M. Arloing; à Toulouse, directeur: M. Laulanié.

Ecole des Haras, au Pin (Orne). — Directeur: M. du Pontavice de Hussey.

Ecoles pratiques d'Agriculture

Tableau récapitulatif

DÉPARTEMENTS	ECOLES PRATIQUES	AGE d'admission	NOMBRE D'ANNÉES d'études
Aisne	Delhomme	14 à 18	2
Alger	Rouïba	14 à 18	3
Allier	Gennetines	13 à 18	2
Alpes (Basses-)	Oraison	14 à 18	2
Alpes-Maritimes	Antibes	14 à 18	2
Ardennes	Rethel	14 à 18	3
Bouches-du-Rhône	Valabre	13 à 18	3
Charente	l'Oisellerie	14 à 17	2
Constantine	Philippeville	14 à 18	2
Côte-d'Or	Beaune	13 à 18	3
—	Châtillon-sur-Seine	14 à 18	3
Creuse	Les Granges	14 à 21	2
—	Genouillat	14 à 18	2
Eure	Le Neubourg	13 à 18	3
Finistère	Lézardeau	14 à 16	2
Garonne (Haute-)	Ondes	13 à 18	2
Gironde	La Réole	14 à 18	2
Ille-et-Vilaine	Les Trois-Croix	13 à 18	2
Indre	Clion	14 à 18	2
Landes	Saint-Sever	»	2
Loiret	Le Chesnoy	14 à 18	2
Loire-Inférieure	Grandjouan	14 à 19	2
Lot-et-Garonne	Saint-Pau	13 à 18	3
Manche	Coigny	14 à 20	2
Marne (Haute-)	Saint-Bon	15	2
Mayenne	Beauchêne	14 à 18	2
Meurthe-et-Moselle	Mathieu de Dombasle	15	2
Morbihan	Kersabiec	14 à 18	2
Nièvre	Corbigny	14 à 18	2
Nord	Wagnonville	13 à 18	3
Pas-de-Calais	Berthonval	13 à 18	3
Pyrénées (Hautes)	Villembits	14 à 18	3
Rhône	Ecully	13 à 18	3
Saône (Haute)	Saint-Remy	15	2 1/2
Saône-et-Loire	Fontaines	13 à 18	2
Somme	Le Paraclet	13 à 18	3
Var	Hyères	14 à 18	3
Vaucluse	Avignon	13 à 18	2
Vendée	Pétré	13 à 20	2
Vosges	Saulxures-sur-Moselotte	12 à 18	2
Yonne	La Brosse	14 à 18	2

Nota. — Ne sont pas comprises dans le tableau ci-dessus

L'Ecole professionnelle d'agriculture de Sartilly (Manche) ; l'Ecole primaire agricole Descomtes à Ménil-la-Horgue, par Void (Meuse) ; l'Ecole pratique de laiterie de Poligny (Jura) ; les Ecoles pratiques de laiterie pour filles, de Kerliver, à Hanvec (Finistère), de Coëtlogon, près Rennes (Ille-et-Vilaine), et du Monastère (Haute-Loire) ; les Ecoles pratiques d'aviculture de Sanvic (Seine-Inférieure), et de Gambais (Seine-et-Oise).

Fermes-Ecoles

Tableau récapitulatif

DÉPARTEMENTS	FERMES-ÉCOLES	AGE d'admission	NOMBRE D'ANNÉES d'études
Ariège............	Royat..............	16	3
Aude.............	Bosc..............	16	2
Charente-Inférieure	Puilboreau..........	15	3
Cher	Laumoy............	16	3
Corrèze	Les Plaines........	17	2
Garonne (Haute-)...	Castel.-l.-Nauzes.....	15	3
Gers	La Hourre.........	16	2
Loire (Haute-)......	Nolhac............	17	2
Lot..............	Le Montat.........	17	2
Lozère	Chazeirollettes	17	2
Orne............	Saint-Gautier.\.....	14	2
Vienne...........	Montlouis.........	15	2
Vienne (Haute-)....	Chavaignac	16	2

Institut national agronomique. — Cette école placée à Paris ne reçoit que des externes à la suite d'un concours.

Les Cours sont à peu près les mêmes que dans les écoles nationales. — Le passage par l'Institut agronomique est obligatoire pour les jeunes gens qui veulent entrer : 1° à l'école des haras ; 2° à l'école forestière.

Dispense de 2 ans de service militaire. — Comme les Ecoles nationales, l'Institut agronomique dispense de deux ans de service militaire les élèves qui sortent avec le diplôme dans un certain rang :

1° Pour l'Institut agronomique les 60 premiers élèves ayant obtenu 70 o/o du total des points que l'on peut obtenir;

2° Pour les Ecoles nationales les élèves français diplômés dans les quatre premiers cinquièmes de la liste de classement de sortie.

Ecoles nationales. — Il existe trois écoles *nationales* d'agriculture : à Grignon, près de Versailles, à Montpellier, et à Rennes. Les élèves âgés de 17 ans au moins sont admis à la suite d'un *concours* qui exige une sérieuse préparation.

L'enseignement est à la fois théorique et pratique : il s'adresse aux jeunes gens qui se destinent à la gestion des domaines ruraux, soit pour leur propre compte, soit pour autrui, ou à l'enseignement agricole. *L'Administration de l'Agriculture n'assure aucun emploi aux élèves qui sortent diplômés de ses établissements d'enseignement.*

Cet enseignement comprend : *la zoologie, la botanique, la minéralogie et la géologie agricoles, la physique et la météorologie, la chimie générale et agricole, l'agriculture, l'horticulture, l'arboriculture, la viticulture, la sylviculture, le génie rural, la zootechnie, l'entomologie, la sériciculture, l'apiculture, la technologie, l'économie, la législation et la comptabilité rurales, l'hygiène et les exercices militaires.*

L'instruction est donnée dans des cours réguliers et des conférences; en outre, des applications et des travaux pratiques sont effectués dans les laboratoires et sur le domaine de l'Ecole. En prenant part aux divers services de l'exploitation, les élèves ont ainsi l'occasion de pénétrer dans les détails de la surveillance, de l'exécution et de la direction des travaux de la ferme.

Des excursions dans des fermes et dans des usines agricoles ont lieu sous la direction des professeurs pour compléter l'enseignement donné à l'Ecole.

La durée des études est de deux années et demie pour les Ecoles de Grignon et de Montpellier et de deux années seulement pour celle de Rennes.

Les débouchés ouverts aux élèves des Ecoles Nationales sont nombreux, mais c'est évidemment à la carrière *agricole* qu'ils sont destinés. Il est indispensable pour être cultivateur, propriétaire ou fermier, de posséder des capitaux.

Le diplôme des Ecoles nationales est exigé pour obtenir, par la voie du concours, un poste de professeur spécial d'agriculture et l'on recrutera probablement désormais, les professeurs départementaux parmi les professeurs spéciaux.

L'Ecole d'agriculture coloniale de Tunis, très bien installée aux portes même de la ville de Tunis s'adresse plus spécialement aux jeunes gens ayant le désir de s'établir dans les colonies; l'enseignement y est approprié à ce but.

Ecoles Pratiques. — Voici comment l'un des directeurs de ces Ecoles a défini et expliqué leur mission :

« C'est aux fils des petits et moyens propriétaires qu'est destinée l'Ecole pratique d'agriculture. C'est là qu'ils reçoivent un enseignement à la fois théorique et pratique.

« Trop souvent, les petits et moyens agriculteurs, au prix de lourds sacrifices, envoient leurs enfants dans les collèges et lycées. Sans qu'ils le veuillent, par des études étrangères à leur future profession, par le séjour dans les villes, ces enfants sont détournés à jamais de la maison paternelle et de la vie des champs.

« Prendre l'enfant à la sortie de l'école primaire ou de l'école primaire supérieure, lui donner pendant deux ans un solide enseignement théorique et manuel, et le rendre ensuite à la famille agricole qu'il ne désertera plus, tel est le but de l'Ecole pratique d'agriculture. L'Ecole pratique n'a pas la prétention de faire de ses élèves des praticiens consommés ; mais elle leur permet de le devenir en leur fournissant les bases essentielles des connaissances agricoles. Les jeunes gens qui auront profité des cours de l'Ecole pratique seront puissamment armés pour recueillir le fruit des leçons qu'ils recevront de leur père ; ils n'auront pas l'ambition de tout réformer, car on leur aura enseigné que ce qu'on est convenu de résumer sous le nom méprisant de *routine* n'est souvent que le fruit de séculaires et intelligentes observations. Mais ils sauront dans cette routine discerner bientôt ce qu'il en faut précieusement garder et ce qu'il en faut rejeter. Ils auront reçu des notions chimiques suffisantes pour pouvoir discuter la nature et la valeur des engrais réclamés par le sol qui leur sera confié et ne seront pas exposés à se laisser exploiter par des négociants d'engrais sans aveu, qui trop souvent abusent de l'ignorance de l'agriculteur. Les élèves de l'Ecole pratique apprennent à exécuter eux-mêmes la plupart des travaux agricoles; n'est-ce pas le meilleur moyen de leur permettre de savoir commander plus tard à leurs ouvriers ces mêmes travaux avec toute l'autorité nécessaire ? »

C'est la loi du 30 juillet 1875 qui régit les Ecoles pratiques.

La caractéristique de ces Ecoles consiste en ce que le temps y est partagé de telle sorte que la moitié de la journée est consacrée à la théorie et l'autre moitié aux travaux pratiques. La théorie et la pratique y sont donc sagement équilibrées.

On rentre dans les Ecoles pratiques à la suite d'un examen; il existe des bourses créées pour les élèves dont les parents ne sont pas fortunés. La durée des études varie de 2 à 3 ans. Elles préparent très souvent des élèves à entrer dans les Ecoles Nationales, le diplôme des Ecoles pratiques donnant droit à un certain nombre de points qui facilitent l'admission dans ces grandes Ecoles.

Le prix de la pension varie de 450 à 600 fr. par an. Il existe en France une quarantaine d'Ecoles pratiques.

Fermes-Écoles. — Elles ont été créées par la loi
du 3 octobre 1848. Fort nombreuses autrefois, puisqu'on leur vit atteindre le chiffre de 70, il n'en restait
que 52 en 1870 et actuellement 13. Presque toutes
concentrées dans les départements du Sud-Ouest de
la France, elles sont surtout destinées à former
d'habiles ouvriers de ferme, des chefs de culture et
régisseurs. Il en est sorti d'excellents sujets qui leur
font honneur.

L'instruction théorique n'y est pas aussi étendue
que dans les Ecoles pratiques, la plus grande partie
du temps étant exclusivement destinée à la pratique.
Comme ceux des Ecoles pratiques, les anciens
élèves des fermes-écoles suivent avec fruit les Cours
des Ecoles Nationales lorsqu'ils y poursuivent leurs
études ; comme eux ils y occupent les premiers rangs
dans le classement.

Il y aurait beaucoup de choses intéressantes à
écrire sur toutes ces Institutions ; le cadre restreint
de cet ouvrage ne nous le permet pas ; aussi con-
seillons-nous aux agriculteurs de s'adresser directe-
ment à ces Ecoles pour recevoir de leurs directeurs
tous les documents qui pourront bien leur être
agréables ou utiles.

Ils pourront aussi consulter à cet égard le remar-
quable rapport qui a été imprimé en 1894 par l'Imprimerie Nationale, rapport fait par M. Henri Gros-
jean, le très distingué Inspecteur général de l'agriculture.

Professeurs départementaux et spéciaux d'Agri-

culture. — L'enseignement départemental et communal de l'agriculture a été organisé par la loi du 16 juin 1879, d'après laquelle, dans le délai de six ans, chaque département devait être pourvu d'une chaire d'agriculture. Les conférences agricoles sont faites selon certains règlements, mais toujours en vue d'éclairer les cultivateurs sur les questions qui peuvent les intéresser et contribuer aux progrès de la culture locale. Le professeur départemental se tient à la disposition des personnes ayant besoin de renseignements ou conseils. Lorsque l'on se rend compte qu'il dirige de nombreux champs d'expériences, qu'il doit répondre à une correspondance très chargée qu'il échange avec les agriculteurs et l'Administration, qu'il doit participer à diverses publications, prendre part aux concours des sociétés agricoles ou autres, on trouve que sa besogne est énorme. Le *professeur départemental* fait aussi un cours d'agriculture à l'école normale d'instituteurs. C'est là un excellent moyen employé dans le but d'intéresser à la culture ceux-là même qui, plus tard, dans les communes où ils devront enseigner, seront en contact avec les fils de cultivateurs. Il sera facile alors, à ces instituteurs, de donner à leurs jeunes élèves quelques notions agricoles, d'attirer leur esprit de ce côté, et de contribuer ainsi au recrutement de nos écoles pratiques d'agriculture qu'il est de leur devoir de faire connaître.

Une création plus nouvelle est celle des *professeurs spéciaux d'agriculture* qui, dans les arrondissements où ils sont installés, secondent utilement le professeur départemental. Ces professeurs font des cours d'adultes, et enseignent soit dans un collège ou lycée, soit dans une école primaire supérieure professionnelle ; depuis peu, leur fonction est hiérarchisée, car ils sont placés sous le contrôle et l'inspection des professeurs départementaux.

Les *professeurs spéciaux* sont nommés à la suite d'un *Concours.*

Sont seuls admis au Concours les candidats porteurs du diplôme d'ingénieur agronome ou de celui des écoles nationales d'agriculture ou des écoles nationales vétérinaires, qui justifieront d'un séjour de deux ans, au moins, sur une exploitation agricole et postérieurement à l'obtention des diplômes précités.

Les candidats doivent, en outre, justifier qu'ils ont satisfait à la loi militaire et qu'ils sont âgés de 25 ans accomplis, le jour de l'ouverture du Concours.

Le Ministre arrête la liste des candidats admis à concourir.

Les *professeurs départementaux* sont également choisis au *Concours*, et il est probable que d'ici peu on les choisira presque tous parmi les professeurs spéciaux.

Champs d'Expériences et de Démonstration. — Leur création date de 1885 ; elle est due à l'initiative de M. Gomot, sénateur du Puy-de-Dôme et, à cette époque, ministre de l'agriculture. Les conférences orales des professeurs d'agriculture ont été, ainsi, heureusement complétées par des faits ou des leçons de choses faites dans les champs, et qui frappent d'une façon merveilleuse l'esprit des cultivateurs. Depuis quelques années, grâce aux subventions généreuses des Conseils généraux et de l'Etat, le nombre de ces champs s'est accru d'une façon considérable sur tout notre territoire, pour le grand bien de l'agriculture. Les comptes rendus des résultats obtenus sont publiés chaque année avec le plus grand soin, de telle sorte qu'il est facile d'apprendre quelles sont les variétés, quels sont les engrais ou méthodes de culture les plus recommandables dans telle ou telle condition bien déterminée.

Stations agronomiques et Laboratoires spéciaux. — Les *Stations agronomiques* dont le nombre s'est aussi beaucoup accru depuis quelque temps, sont des établissements mis à la disposition des cultivateurs pour faire l'analyse à très bon marché, souvent même gratuite, de leurs terres et de leurs engrais. Par suite, ils rendent d'immenses services à la culture, en démasquant les fraudes auxquelles le commerce des graines et engrais a si souvent donné lieu. L'existence de ces laboratoires est encore, malheureusement, inconnue de beaucoup de cultivateurs qui ignorent combien ils sont indispensables à toute culture intelligente et rationnelle. Connaître d'une façon complète la composition d'un sol, c'est la première condition à remplir pour déterminer ce qui lui manque et, par suite, le genre et la quantité d'engrais à lui appliquer. Or, tout le monde sait que telle est la base de n'importe quelle culture.

Nous ne saurions trop appeler aussi l'attention des agriculteurs sur l'existence de la *Station d'essais de Semences agricoles* placée sous la direction de M. Schribaux, le savant et distingué professeur d'agriculture de l'Institut agronomique de Paris. Signalons encore la *Station d'essais de machines agricoles* dirigée par M. Ringelmann, professeur à l'Institut agronomique, les *Stations de recherches viticoles* établies à Cognac et à Montpellier, la *Station séricicole* de Montpellier, sans compter de nombreux *Laboratoires de recherches scientifiques*, comme ceux d'entomologie agricole ou de recherches sur les insectes utiles et nuisibles, de M. Noël, à Rouen, le *Laboratoire de fermentation* de M. Duclaux, membre de l'Institut, le *Laboratoire de recherches des maladies des plantes* de M. Delacroix, à l'Institut agronomique, etc., etc.

Des *Stations œnologiques* ont été créées aussi à Montpellier, Bordeaux, Narbonne, Nîmes, Beaune, Dijon, etc., etc. ; de nouvelles sont en voie de création dans d'autres grands centres viticoles, pour l'étude des meilleurs procédés de vinification, pour l'analyse des vins, la recherche et la guérison de leurs maladies, etc., etc.

De ce qui précède, on peut conclure que l'agriculture, à l'heure actuelle, est enseignée dans toutes ses branches et sous toutes ses formes. D'autre part, les encouragements ne lui manquent pas, grâce à la création des Concours régionaux, départementaux et locaux. Les Sociétés d'agriculture, les Syndicats et Coopératives agricoles, les Caisses d'assurances,

les Sociétés de crédit agricole, les Mutuelles de toutes sortes constituent une vaste organisation.

Les cultivateurs de tout rang et de tout âge
peuvent et doivent tirer profit des sacrifices si géné-
reusement consentis à cet égard par l'Etat et les départements pour relever cette noble et si utile profession. Les progrès déjà accomplis, grâce à leur
influence, sont la meilleure preuve de l'utilité d'une
aussi patriotique institution.

TABLE DES MATIÈRES

Imprimerie du « Petit Troyen » G ARBOUIN, 126, rue Thiers — Troyes

ÉCOLE D'AGRICULTURE

DE SAONE-ET-LOIRE

à FONTAINES (Saône-et-Loire)

Cette école a été fondée par arrêté ministériel du 29 Juillet 1892, grâce au concours de l'Etat, du département et de la commune de Fontaines.

Placée au centre d'une région agricole et viticole, elle est dans d'excellentes conditions pour l'instruction théorique et pratique des élèves.

Destinée spécialement à former des chefs de culture et à donner *une bonne instruction professionnelle* aux fils de cultivateurs, elle s'adresse aussi à tous les jeunes gens se vouant à la carrière agricole.

La durée des études est de DEUX ANS.

Les élèves pourvus du diplôme de sortie jouissent de droit d'un certain nombre de points pour les examens d'admission aux Ecoles Nationales d'Agriculture dont l'entrée leur est ainsi plus facile.

LES EXAMENS D'ADMISSION ont lieu chaque année, à la préfecture, à Mâcon, le *3 Août.*

Le prix de la pension est de **500 francs,** payable en trois fois.

Pour être admis, il faut être âgé de *14 ans*

au moins et de *18 ans* au plus, et être pourvu d'une bonne instruction primaire.

A l'Ecole, le temps des élèves est partagé de telle sorte que **la moitié de la journée est consacrée à la théorie et l'autre moitié aux travaux pratiques**, conformément à l'emploi du temps arrêté par M. LE MINISTRE DE L'AGRICULTURE.

MATIÈRES ENSEIGNÉES :

Agriculture et Viticulture. — Machinerie agricole.
Botanique, Géologie, Zoologie.
Maladies des Plantes. — Insectes
Horticulture et Arboriculture. — Physique et Chimie agricole. — Zootechnie et Hygiène vétérinaire
Français et Mathématiques
Arpentage, Nivellement, Comptabilité.

Au Directeur, sont adjoints 5 professeurs ou surveillants et 3 chefs de culture.

FONTAINES est pourvu *d'une gare* sur le P.-L.-M., à six kilomètres de *Chagny* et dix de *Chalon-sur-Saône*, localités très importantes avec bifurcations sur *Autun, Moulins, Nevers, Charolles, Roanne, Lons-le-Saulnier*, etc.

Fontaines est pourvu d'un *bureau postal* et d'un *bureau télégraphique*.

———————

Pour recevoir *le programme des Cours et des conditions d'admission*, ou tout autre renseignement utile, s'adresser à M. RAYNAUD, Directeur de l'Ecole, à FONTAINES (Saône-et-Loire).

PETITE BIBLIOTHEQUE AGRICOLE

PUBLIÉE SOUS LA DIRECTION DE J. RAYNAUD

PRODUCTION VÉGÉTALE

VOLUMES PARUS :

Tome **1**   Le Sol et les Engrais
Tome **2** :   Matériel et Travaux de culture
Tome **3** :   Les Cultures et leurs Ennemis
Tome **4** :   Viticulture pratique
Tome **5** :   Le Jardin de la ferme
Tome **6** :   Fleurs et Plantes d'agrément

PRODUCTION ANIMALE

VOLUMES PARUS :

Tome **8** :   Le cheval
Tome **12** :   Le lait, beurres et fromages
Tome **14** :   Économie rurale

POUR PARAITRE SUCCESSIVEMENT :

Production végétale

Vins et Eaux-de-Vie
Législation agricole

Production animale

Chevaux et bœufs
Moutons, porcs et vers à soie
Maladies du bétail
Abeilles
Volailles et poissons

Un volume broché : .... 0 fr. 20
 —   —   cartonné : .... 0 fr. 35
Franco-poste BROCHÉ : **0 fr. 30** ; CARTONNÉ : **0 fr. 50**

www.ingramcontent.com/pod-product-compliance
Lightning Source LLC
Chambersburg PA
CBHW052216270326
41931CB00011B/2380